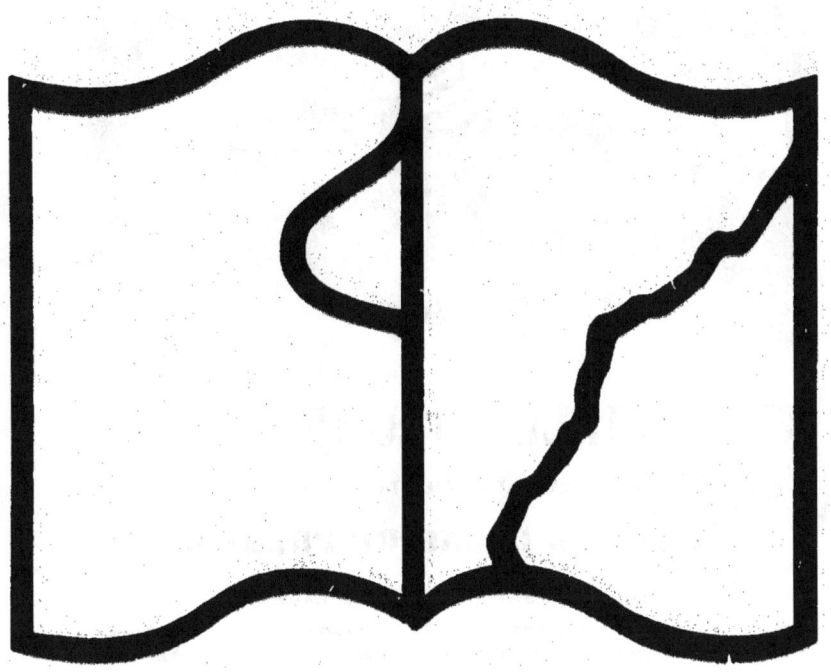

Texte détérioré — reliure défectueuse

NF Z 43-120-11

VIIIᵉ TABLEAU, SCÈNE IV.

LES MILLE ET UNE NUITS,

FÉERIE EN QUATRE ACTES ET ONZE TABLEAUX,

PAR MM. COGNIARD FRÈRES,

Musique de M. PILATI; Ballets de M. LAURENÇON.

Décorations : les neuf premiers tableaux de M. Devoir, les deux derniers de MM. Philastre et Cambon; Machines de M. Auguste Mabet; Costumes dessinés par M. Alfred Astley.

REPRÉSENTÉE POUR LA PREMIÈRE FOIS, A PARIS, SUR LE THÉATRE DE LA PORTE-SAINT-MARTIN,
LE 24 JANVIER 1843.

PREMIER TABLEAU.

PERSONNAGES.	ACTEURS.
SCHARIAR,	M. Raucocrt.
BADROULBOUDOUR,	M. Girriel.
LE GRAND VISIR,	M. Brémont.
SCHÉRAZADE,	Mᵐᵉˢ V.-Klotz.
DINARZADE,	Mˡˡᵉ P.-Amist.
Le Génie ISMAEL,	Mˡˡᵉ Arsén.

LE LIT DU SULTAN.

Un kiosque magnifique au milieu d'un jardin; autour du kiosque des vases de fleurs et des cassolettes.

SCÈNE PREMIÈRE.

SCHARIAR, endormi, SCHÉRAZADE, BADROULBOUDOUR, DINARZADE.

Au lever du rideau, on aperçoit que Badroulboudour et Dinarzade, assis sur le devant de la scène, l'un à droite, l'autre à gauche. Tous deux semblent écouter avec attention. Musique douce au commencement de la scène.

DINARZADE, à Badroulboudour, à mi-voix. Eh bien!... il me semble que je n'entends plus la voix de ma sœur...

Avis. Presque toute la musique de cette pièce étant de M. Pilati, c'est à lui que MM. les Directeurs de province devront s'adresser pour la partition. M. Pilati se réservant tout recours contre les contrefacteurs.

BADROULBOUDOUR. Écoutez donc! à force de conter des histoires comme ça, il est permis d'être fatigué et de se reposer un moment. Songez donc que c'est aujourd'hui la mille et unième nuit!

DINARZADE. Mille et une! c'est vrai... Mais taisez-vous, je l'entends.

SCHÉRAZADE, cachée par les rideaux, faisant son dernier conte. « Les princes Bahman et Perviz, avec la princesse Parizade, furent amenés au palais avec cette pompe; et le soir il y eut de grandes réjouissances et de grandes illuminations dans toute la ville, lesquelles furent continuées pendant plusieurs jours. »

BADROULBOUDOUR. C'est la fin. Ça finit toujours par des illuminations; ça m'a beaucoup amusé!

DINARZADE, écoutant toujours. Mon Dieu! elle a cessé de parler, et le sultan...

BADROULBOUDOUR. Il me semble que je l'entends ronfler.

DINARZADE, s'approchant du lit. Ma sœur, si vous ne dormez pas, je vous supplie, en attendant le jour qui paraîtra bientôt, de me conter un de ces beaux contes que vous savez.
Jour.

SCHÉRAZADE, ouvrant les rideaux du kiosque et se montrant tout à coup. Chut!... il dort!

DINARZADE. Eh bien, ma sœur...

SCHÉRAZADE. Hélas! ce conte sera le dernier, ma chère Dinarzade!

BADROULBOUDOUR. Le dernier!

SCHÉRAZADE. Mon imagination fatiguée ne me fournit plus aucune aventure... ma mémoire est épuisée!... Oui, c'en est fait... à son réveil je n'aurai plus rien à lui dire.

BADROULBOUDOUR. Je crains alors que son réveil ne soit pas bien agréable pour vous!

DINARZADE, vivement et prenant la main de sa sœur. Que voulez-vous dire?

BADROULBOUDOUR. Ah! dame... vous savez que mon illustre maître a fait un serment terrible! Il a juré par le grand Vishnou, et quand on jure par le grand Vishnou!... on jure bien!

DINARZADE. Vous pensez qu'il aurait la cruauté de faire mourir ma pauvre sœur, comme il a fait mourir ses autres femmes! elle qui depuis mille et une nuits a su calmer ses idées de vengeance?

BADROULBOUDOUR, passant entre les deux sœurs. Écoutez... il dort; je peux vous dire ça. Mais vous ne connaissez pas le sultan Schariar!

SCHÉRAZADE. Parlez.

BADROULBOUDOUR, à voix basse. Mon illustre maître, mes chères petites, est un affreux brutal. Je l'honore, je le respecte, je lui suis tout dévoué, parce que s'il en était autrement il me ferait mettre à mort; mais, foi de Badroulboudour, c'est un homme exécrable!... on ne peut plus mal élevé... on aura trop gâté étant tout petit, et il est devenu particulièrement féroce depuis les quiproquos qu'il a eus avec sa première épouse, Zobéide, une femme qu'il adorait et qui lui en faisait considérer de toutes les nuances.

DINARZADE. Qu'avait donc fait la sultane Zobéide?

BADROULBOUDOUR. Des choses... pas bien!... Elle aimait en cachette un esclave, un noir! et quand le sultan allait à la chasse au cerf... ne m'en demandez pas davantage.

SCHÉRAZADE. C'était horrible!... elle a mérité son sort.

BADROULBOUDOUR. Étranglée! rien que ça. C'est alors qu'il jura par le grand Vishnou qu'il n'aurait jamais d'épouse que pendant une seule nuit. C'est une manière orientale pour n'avoir que des lunes de miel. Jusqu'à ce jour vous lui avez fait oublier son serment en le berçant d'histoires merveilleuses... mais si vous ne lui contez plus rien, si vous êtes au bout de votre rouleau...

SCHÉRAZADE. Hélas!

BADROULBOUDOUR. Je comprends... vous êtes au bout de votre rouleau.

SCHÉRAZADE. Que mon sort s'accomplisse! pendant mille et un jours du moins le sang n'a pas coulé dans la ville.

BADROULBOUDOUR, qui est allé au fond regarder le Sultan. Chut!... j'aperçois une mouche sur le front du grand Schariar! cela suffit quelquefois pour le rendre furieux. Éloignez-vous, de peur qu'il ne s'éveille. Je vais l'éventer, lui bourrer sa pipe, le mijoter enfin... et si je trouve un bon moment, j'en profiterai pour parler de vous.

SCHÉRAZADE. Rentrons au sérail, ma sœur.

ENSEMBLE, à demi-voix.
Air d'Azurine.

Allons, ma sœur, conservons l'espérance;
Brahma peut-être, aura pitié de nous.
Il saura bien protéger l'innocence,
Et du sultan apaiser le courroux.
Les deux sœurs sortent par la droite.

~~~~~~

SCÈNE II.

BADROULBOUDOUR, LE SULTAN.

BADROULBOUDOUR. Chères petites minettes... elles m'attendrissent profondément! mais je ne dirai rien du tout au sultan. Certes, je suis très-fou de Dinarzade! pour cette charmante créature je donnerais toutes les pierres précieuses de l'Inde (et l'Inde en fournit quelque peu); mais me faire étrangler... non, non, non, Badroulboudour, mon ami, ce serait de la faiblesse!... Occupons-nous du grand Schariar : voici sa pipe bourrée de son excellent tabac de Perse. Cet homme fume d'une façon mythologique; il consume pour plus de mille roupies de tabac par jour!... ça paraît exagéré ce que je dis là, et ça ne l'est pas. Procurons-lui de l'air. (Il l'évente. Le Sultan s'agite sur son lit.) Comme il a le sommeil agité! il fait peut-être quelque mauvais rêve!
Musique.

SCHARIAR, rêvant. Zobéide!... infâme Zobéide!

BADROULBOUDOUR. Il rêve de sa première femme... ça tourne au cauchemar!

SCHARIAR, de même. La perfide!... trahi!... trahi par un esclave!... les misérables!... qu'on les saisisse!...

BADROULBOUDOUR. Le cauchemar va son train. Si j'osais l'éveiller... non, j'aime mieux m'en aller.

Il se dispose à partir.

SCHARIAR, *sautant à bas de son lit et saisissant Badroulboudour par le bras.* Qu'on l'étrangle! grand visir, à moi!... qu'on l'étrangle!

BADROULBOUDOUR. Calmez-vous, seigneur! c'est moi, Badroulboudour, votre favori...

SCHARIAR, *s'éveillant peu à peu.* Hein? qu'est-ce?... qu'y a-t-il?

BADROULBOUDOUR. Vous rêviez, grand sultan. Pour chasser vos idées noires je vais appeler vos bayadères.

SCHARIAR. Je ne veux pas de danses.

BADROULBOUDOUR. Vos chanteurs?

SCHARIAR. Je ne veux pas de chants.

BADROULBOUDOUR. Cependant pour charmer votre réveil?

SCHARIAR. Je ne veux pas qu'on charme mon réveil!

BADROULBOUDOUR. Je m'abstiens, illustre sultan. *(A part.)* Il est d'une humeur de dogue! je n'ai plus d'espoir que dans sa pipe. *(La lui présentant, un genou en terre.)* Voici votre pipe préparée...

SCHARIAR. Je ne te demande rien, ne m'offre rien.

BADROULBOUDOUR, *à part.* Il repousse sa pipe! triste présage!

SCHARIAR. Mes babouches!

BADROULBOUDOUR, *avec empressement.* Les voici!

SCHARIAR. Mon poignard!

BADROULBOUDOUR, *troublé.* Oui, seigneur... le beau poignard... le riche poignard!... *(A part.)* Pourvu que mes oreilles ne l'offusquent pas!

SCHARIAR, *avec impatience.* Eh bien, ce poignard!

BADROULBOUDOUR. Le... le voici.

SCHARIAR. Pourquoi trembles-tu?

BADROULBOUDOUR. Quand le maître est soucieux, l'esclave tremble.

SCHARIAR. En effet, j'ai de l'humeur.

BADROULBOUDOUR. Vous en avez bien le droit.

SCHARIAR. J'ai fait un rêve horrible, qui m'a tourmenté, agité, irrité... j'ai besoin de passer ma fureur sur quelqu'un... de briser quelque chose.

BADROULBOUDOUR, *avec effroi.* Il m'a regardé! est-ce qu'il voudrait me casser?

SCHARIAR. Je m'ennuie... Le dernier conte de Scheherazade était moins intéressant que les autres; il m'a fatigué.

BADROULBOUDOUR. En effet, c'est bien rebattu le peu que j'en ai entendu. *(A part.)* Parlez donc en sa faveur après cela!

SCHARIAR. Qu'on fasse venir le grand visir.

BADROULBOUDOUR. Il est là qui attend vos ordres... je n'ai qu'un signe à faire.

Il va faire un signe à la galerie de droite.

SCHARIAR. Oui, cette existence indolente me fatigue... Depuis trop longtemps je vis dans l'insouciance... Mon peuple oublie que je règne... *(Avec colère.)* Eh bien, ce visir?

BADROULBOUDOUR. Le visir demandé, le voici.

SCÈNE III.

LES MÊMES, LE VISIR, GARDES.

LE VISIR, *s'inclinant.* Brahma me protège, puisqu'il me permet d'entrevoir le premier la lumière du jour, notre sultan chéri!

SCHARIAR. Assez de compliments, visir. Que se passe-t-il de par mon royaume?

LE VISIR. Chacun te révère et te bénit. Le commerce prospère... et le soleil s'est levé mille fois sur les états pour éclairer un peuple heureux et tranquille.

SCHARIAR. Oui, trop heureux et trop tranquille. Partout des festins, des fêtes, des mariages... des mariages!... Mes sujets ne se souviennent-ils plus de Zobéide?

LE VISIR, *alarmé.* Sultan, ce triste souvenir...

SCHARIAR. M'est revenu à temps à l'esprit, visir.

LE VISIR, *à part.* Il me fait trembler! *(A Badroulboudour.)* Ma fille, ma chère Schéhérazade, où est-elle?

BADROULBOUDOUR, *bas.* Dans le sérail; le sultan ne l'a pas encore demandée. Il paraît qu'il a eu un cauchemar épouvantable.

SCHARIAR, *brusquement.* La nuit dernière on a fait grand bruit sur le fleuve.

LE VISIR. C'était la fête des pêcheurs, et leurs chants joyeux attestaient leur bonheur.

SCHARIAR. Ah! ils chantent quand je suis triste, moi! Visir, tu doubleras le droit sur la pêche et tu diminueras de moitié le nombre des pêcheurs. Les bords du Gange sont sillonnés par trop de pirogues qui s'approchent insolemment jusque sous les murs de mon palais. *(Avec une colère concentrée.)* Tu te souviens que c'est par la porte secrète qui donne sur le fleuve que Masoud le noir s'est introduit dans les jardins auprès de Zobéide!

LE VISIR. Quelque méchant génie a donc troublé le sommeil de mon souverain, qu'une femme indigne du titre de sultane ait encore place en sa mémoire!... Quant aux pêcheurs des bords du Gange, tu seras obéi... Mais permets à ton serviteur de te dire que ces pauvres gens sont les plus misérables de tout le royaume... à peine s'ils peuvent vivre.

SCHARIAR. Que m'importe!

BADROULBOUDOUR. Qu'ils avalent leurs poissons!

SCHARIAR. Et s'ils murmurent, qu'on me le dise.

BADROULBOUDOUR. Nous avons le bâton pour les faire taire.

LE VISIR, *s'inclinant*. Il suffit.
SCHÉRIAR. Au sortir du bain je te donnerai d'autres instructions.
BADROULBOUDOUR. Si le bain pouvait le calmer ! Je vais le commander bien chaud.
LE VISIR. Je me rends au grand balcon du palais pour annoncer ton réveil selon l'usage... Dois-je dire que ta hautesse se porte bien ?
SCHÉRIAR. Annonce que je me porte mal, et qu'on soit triste.

Le Visir s'incline et suit Schériar, qui sort le premier. Au moment où Badroulboudour va s'éloigner avec eux, Schérazade et Dinarzade entrent par la porte du sérail. Musique.

SCHÉRAZADE. Eh bien ! le sultan ?
DINARZADE. Lui avez-vous parlé pour ma sœur ?
BADROULBOUDOUR. Quand le lion est en fureur, il est imprudent de passer les doigts dans sa crinière.
DINARZADE. En fureur !
SCHÉRAZADE. Le sultan !
BADROULBOUDOUR. Plus impitoyable que jamais. Le tigre n'était qu'assoupi, ses ongles reparaissent. Je vais préparer son bain. (*En sortant.*) Je vais le faire excessivement chaud !

Il sort par la gauche.

~~~~~~~~~~~~~~~~~~~~~~~~~~~~~~~~~~

SCÈNE IV.

SCHÉRAZADE, DINARZADE.

DINARZADE. Plus impitoyable que jamais, a-t-il dit !... Ma pauvre sœur, que vas-tu devenir ?
SCHÉRAZADE. Du courage, Dinarzade. Depuis longtemps, d'ailleurs, ne suis-je pas préparée à tout.
DINARZADE. Ah ! maudit soit le jour où tu as conçu l'idée d'être présentée au palais ! Toutes deux, filles du grand visir, nous étions heureuses, à l'abri des désirs du sultan, et tu as pu ambitionner le triste honneur de devenir son épouse, ou plutôt sa victime !
SCHÉRAZADE. Ce triste honneur, je l'ambitionnerais encore !... Rappelle-toi, ma sœur, quelle consternation régnait dans cette ville, alors que chaque jour une jeune fille était arrachée à sa famille pour devenir une seule nuit l'épouse de son souverain, pour marcher le lendemain à la mort !... Partout ce n'étaient que pleurs, que désespoir. Émue de pitié devant cette ville en deuil, je crus entendre une voix venant du ciel !... Cette voix me criait : Schérazade, quelle gloire pour toi si tu parvenais à rendre le repos à tant d'infortunés !... Et puisant mon courage dans l'espoir du succès, je suis venue, je me suis offerte. Tu as voulu me suivre, bonne sœur... et tu le vois... bien des jours se sont écoulés, et je suis encore près de toi.
DINARZADE. Oui, parce que tu as su tenir éveillée la curiosité du sultan par tes contes merveilleux dont tu suspendais habilement le récit. Mais aujourd'hui que tu n'as plus rien à lui dire, s'il voulait te faire périr comme les autres... Oh ! tiens, je n'ai pas le courage de faire de grandes choses, moi ! mais s'il veut ta vie, il faudra qu'il prenne aussi la mienne !...
SCHÉRAZADE. Bonne Dinarzade, ne parle pas ainsi... Laisse-moi suivre seule ma destinée.
DINARZADE. Ta destinée sera la mienne.

Air de Thérèse la blonde.

Je veux, je veux te suivre
Partout... même à la mort.
Sans toi s'il fallait vivre,
Je maudirais mon sort !

SCHÉRAZADE.
Oh ! non, reste sur terre ;
Fais cesser mon effroi.

DINARZADE.
Ce qu'ici je veux faire,
Le ferais-tu pour moi ?

SCHÉRAZADE, *parlant*. Oh ! oui !
Ce qu'ici, tu veux faire,
Je le ferais pour toi !

DINARZADE.
Eh bien, pour la vie
Qu'un serment nous lie.

SCHÉRAZADE.
Partageons, ma sœur,
Tourments et bonheur,
Jours de joie et jours de douleur.

ENSEMBLE, *elles se tiennent par la main.*
Eh bien, pour la vie
Qu'un serment nous lie.
Partageons, ma sœur,
Tourments et bonheur,
Jours de joie et jours de douleur.

Musique agitée après le couplet. Rumeurs.

DINARZADE. Mais quelle rumeur !... (*Elle va soulever la draperie de gauche.*) Des esclaves qui fuyent épouvantés... O mon Dieu ! c'est le sultan peut-être... Ah ! voici Badroulboudour !

~~~~~~~~~~~~~~~~~~~~~~~~~~~~~~~~~~

SCÈNE V.

LES MÊMES, BADROULBOUDOUR*.

BADROULBOUDOUR, *très agité*. Sauve qui peut !... fuyez.
SCHÉRAZADE. Qu'y a-t-il donc ?
BADROULBOUDOUR. Un malheur horrible, épouvantable, qui peut avoir les conséquences les plus funestes pour le royaume des Indes. Le sultan...
DINARZADE. Eh bien ?
BADROULBOUDOUR. Vient de prendre un bain trop chaud !
DINARZADE. Ce n'est que cela ?
BADROULBOUDOUR. Que cela ! y compris une bouteille entière de vin de Schiras que je lui ai versée pendant qu'il dictait ses ordres au grand visir, votre père... Il lui a toujours joué de mauvais tours, le vin de Schiras !... Oh ! le bain trop chaud et le Schiras, c'est capable de tout... La

* Dinarzade, Badroulboudour, Schérazade.

colère du sultan est considérablement augmentée. Aussi, je m'en vais et je vous conseille d'en faire autant.

DINARZADE. Viens, ma sœur, viens.

SCHÉRAZADE. Non, je veux l'attendre. L'abandonner à sa fureur, ce serait lui laisser commettre de nouvelles cruautés. S'il souffre, ma place est à côté de lui... s'il veut faire souffrir, je dois être encore là pour détourner l'orage. Éloigne-toi, Dinarzade, ne crains rien pour moi.

BADROULBOUDOUR. Oui, venez. La vue de Schérazade le calmera peut-être.

DINARZADE. Je m'éloigne, mais je serai là, et au premier bruit j'accourrai près de toi.

Elle rentre dans le sérail avec Badroulboudour.

SCÈNE VI.

SCHARIAR, SCHÉRAZADE.

Un Nègre précède Schariar et soulève la tapisserie.

SCHARIAR, *entre et parlant à la cantonade.* Je le veux, je l'ordonne! Que tous ces édits soient publiés par la ville, et qu'on mette à mort quiconque n'obéirait pas sur l'heure. Allez! Qu'on me laisse!

SCHÉRAZADE, *à part.* Qu'il a l'air furieux!

SCHARIAR. Ma tête brûle, et sans ce vin généreux que m'a versé Badroulboudour... *(Apercevant Schérazade.)* Ah! c'est vous, sultane! *(D'un ton bref.)* Que voulez-vous?

SCHÉRAZADE. Quand je me suis éloignée de vous, vous reposiez.

SCHARIAR. Du repos pour moi!... Dites des songes affreux, d'abominables visions! voilà le repos que je goûte. *(A part.)* Oh! malgré moi ce rêve me revient sans cesse à l'esprit.. Zobéide! Masoud!

SCHÉRAZADE. Sultan, vous souffrez.

SCHARIAR. Oui, je souffre! Mais que pouvez-vous contre ces souffrances? n'êtes-vous pas femme aussi, vous? un peu moins fausse, un peu moins perfide peut-être! mais n'avez-vous pas reçu du ciel en partage, ainsi que vos pareilles, l'esprit du mensonge, l'art de la dissimulation, et par dessus tout cela le besoin de tromper qui vous aime?

SCHÉRAZADE, *humblement.* J'espérais avoir détruit dans l'âme du sultan, mon souverain maître, ces préventions injustes.

SCHARIAR, *avec ironie.* Par la toute-puissance de vos récits, n'est-ce pas? j'admire vraiment ma patience.. depuis si longtemps que vous me faites des histoires à ne pas dormir du tout... oh! vous êtes une femme adroite, ingénieuse... trop ingénieuse et trop adroite peut-être!

SCHÉRAZADE, *avec douceur.* Sultan!

SCHARIAR. Laissons cela. Je souffre! je suis irrité! je m'ennuie... j'ai besoin de chasser les sombres pensées qui m'assiégent. Tenez, en ce moment je vous écouterais volontiers; voyons si vous aurez le talent de chasser la fièvre qui m'agite! mais, je vous en préviens, votre dernier conte n'était pas heureux. Appelez donc à votre aide toutes les ressources de votre imagination... Voyons, commencez.

SCHÉRAZADE, *à part.* Grand Brahma, protége-moi!

Moment de silence.

SCHARIAR. Eh bien, j'attends...

Silence.

SCHÉRAZADE, *à part.* Rien!... je ne trouve rien!...

SCHARIAR, *durement.* Commenceras-tu? j'attends!

SCHÉRAZADE. Le torrent à force de couler voit souvent sa source se tarir.

SCHARIAR. Que veux-tu dire?

SCHÉRAZADE. Mes efforts sont épuisés! ma bouche restera muette.

SCHARIAR. Mais je veux que tu parles, moi!... je veux que tu trouves le moyen de me distraire! je le veux.

SCHÉRAZADE, *tombant à genoux.* Sultan, disposez de ma vie, je n'ai plus rien à vous dire!

SCHARIAR, *se levant furieux.* Cela devait être! tout conspire aujourd'hui contre moi!... Schérazade, savez-vous que ce jour est un funeste anniversaire?... savez-vous qu'à pareil jour, qu'à pareille heure Zobéide marchait au supplice?

SCHÉRAZADE. Maître, chassez ces souvenirs!

SCHARIAR. Ce jour-là, Schérazade, je me rendis au temple, moi, Schariar! et devant la statue d'or du grand Vishnou je fis un serment...

SCHÉRAZADE, *vivement.* Oui, un serment affreux, sanguinaire!

SCHARIAR, *avec autorité.* Schérazade!

SCHÉRAZADE. Ce serment... Vishnou, le conservateur de toute chose créée, a dû le repousser! et trop longtemps vous l'avez accompli avec une rage fidèle. *(Schariar fait un mouvement. Schérazade continue avec dignité.)* Sultan Schariar, moi aussi devant la statue d'or du grand Brahma je fis serment de braver la mort, de devenir votre femme, et cela dans l'intérêt de votre gloire!

SCHARIAR. Quel audacieux langage!

SCHÉRAZADE. Vous voulez que je parle... eh bien, vous m'entendrez! vous voulez un récit? écoutez donc votre histoire!

SCHARIAR. Schérazade!

SCHÉRAZADE. Quand je suis entrée dans ce palais partout régnaient la terreur et la désolation! votre nom était maudit!..

SCHARIAR. Maudit!

SCHÉRAZADE. Oui, car votre peuple vous fuyait comme on fuit un tyran!

SCHARIAR. Esclave... assez! mais sais-tu bien ce que tu oses me dire?

SCHÉRAZADE. La vérité, sultan! la vérité que tu n'as jamais entendue... Elle te blesse et t'irrite n'est-ce pas? j'aurai cependant le courage de te la dire tout entière. Oui.

Air de la Négresse.

Je brave ta colère,
Ton orgueil m'entendra.

SCHARIAR, *parlant.* Assez!

SCHÉRAZADE.

Ta fureur... fais la taire,
Et ma voix se taira.

SCHARIAR, *de même.* Assez!

SCHÉRAZADE.

Malgré ton rang suprême,
Entends la vérité!
Respecte-toi, toi-même,
Pour être respecté! (*Bis.*)

SCHARIAR, *dans la plus grande agitation.* Holà! gardes, visir, esclaves!

SCÈNE VII.

LE SULTAN, SCHÉRAZADE, DINARZADE, LE GRAND VISIR, BADROULBOUDOUR, GARDES, ESCLAVES[*].

SCHÉRAZADE, *à voix basse* J'avais tort d'espérer!

SCHARIAR, *avec une fureur concentrée.* Visir, lorsque tu me présentas ta fille, en réclamant pour elle l'honneur de porter le titre de mon épouse, t'ai-je averti du danger qu'elle courait?

LE VISIR. Oui, sultan.

SCHARIAR. Quand j'ordonnerai sa mort, t'ai-je dit, tu ne m'en demanderas pas compte.

LE VISIR, *tremblant.* C'est vrai.

SCHARIAR. Songe aux devoirs de ta charge, ai-je ajouté; tu as été l'ordonnateur du supplice de mes autres femmes, et ton devoir t'imposera peut-être un jour la dure nécessité de conduire ta propre fille au bourreau.

LE VISIR. C'est encore vrai! Schérazade le voulut ainsi.

SCHARIAR. Eh bien, visir, fais donc ton devoir! j'ordonne aujourd'hui la mort de ta fille.

Mouvement général.

LE VISIR. Grand Dieu!

DINARZADE. Ma sœur!

BADROULBOUDOUR, *à part.* Ça devait finir comme ça; le schiras fait des siennes.

LE VISIR, *se jetant aux genoux du Sultan.* Maître, pitié pour elle! pitié pour moi, son père! Depuis trois années je m'applaudissais du courage de ma fille chérie... La mort, as-tu dit? la mort pour son dévouement!... quel crime a donc commis Schérazade?

SCHARIAR. Elle a foulé aux pieds le respect qui m'est dû! elle a flétri mon nom! elle s'est révoltée contre son maître! elle a osé appeler tyran celui devant qui tout s'abaisse!

LE VISIR *et* DINARZADE. Grâce! grâce!

SCHARIAR. Cessez de me conjurer; vos prières et vos larmes ne me toucheront pas. Oh! depuis longtemps j'ai cessé de croire aux paroles des hommes et aux visages des femmes! vous avez trop compté sur ma faiblesse.

LE VISIR. Nous avions compté sur ta clémence.

SCHARIAR. Il fallait penser à mon serment!... Allons, qu'on m'obéisse; qu'on sépare ces femmes!

DINARZADE. Non, laisse-nous réunies, car pour toi deux victimes valent mieux qu'une. S'il suffit de te dire que tu es un tyran pour tomber sous tes coups, je te le dis, moi! sultan Schariar, tu es un tyran!

SCHARIAR. Elle aussi! mais tout le monde me bravera donc aujourd'hui? qu'elle partage le sort de sa sœur!

BADROULBOUDOUR, *à part.* Pauvre Dinarzade! je pleurerais si j'osais, mais je n'use pas.

LE VISIR. Sultan, tu viens de combler la mesure! tu n'as pas compté sur moi, je l'espère, pour faire exécuter ces ordres barbares!

SCHARIAR. Gardes, dites au bourreau que lorsqu'un visir refuse d'obéir..., on lui arrache la langue. Saisissez les coupables!... J'ai commandé..., qu'on se hâte!

On entraîne par la gauche Schérazade et Dinarzade, ainsi que le grand Visir.

SCÈNE VIII.

SCHARIAR, puis BADROULBOUDOUR.

SCHARIAR. J'étouffe de fureur!... à boire, Badroulboudour...

BADROULBOUDOUR. Eh quoi! encore du Schiras?

SCHARIAR, *avec fureur.* Obéis!

BADROULBOUDOUR, *sortant.* Oh!.. tout de suite... tout de suite.

SCHARIAR. C'est trop se jouer de mon autorité!... Oui, c'est par la terreur que je veux régner désormais...(*Moment de silence.*) Schérazade était bien belle, cependant... Peut-être son amour était-il pur?... Son dévouement partait d'une belle âme... Oh! mon cœur est gonflé!..., le sang me brûle. (*Rumeurs au dehors.*) Qu'est-ce que cela? (*Badroulboudour entre effrayé avec une coupe et un flacon.*) Eh bien!

BADROULBOUDOUR. Maître! le visir n'a plus de langue! (*Nouvelles rumeurs.*)

Nouvelles rumeurs.

SCHARIAR. Et ces clameurs?

BADROULBOUDOUR. C'est le peuple, grand et sublime sultan... le peuple qui, voyant apprêter le supplice de Schérazade et de sa sœur... se permet... de se révolter.

SCHARIAR. A merveille!... Ils suivent l'exemple qu'on leur a donné dans mon palais... Et j'allais faiblir... j'allais peut-être leur faire grâce de la vie.

BADROULBOUDOUR, *avec joie.* Serait-il possible!... Vous vouliez!...

SCHARIAR, *lui arrachant la coupe des mains.* Jamais, jamais, maintenant!... Qui oserait ici intercéder pour elle?...

---

[*] Le Visir, Schariar, Schérazade, Dinarzade, Badroulboudour.

[**] Le Visir, Schariar, Dinarzade, Schérazade, Badroulboudour.

BADROULBOUDOUR, *vivement.* Pas moi !... pas moi !...

SCHARIAR. Verse !...

BADROULBOUDOUR, *pendant que Schariar boit.* Le Schiras va toujours son train... ça va le rendre féroce...

SCHARIAR. Ah ! mon peuple me brave !... Badroulboudour... qu'on fasse courir mes gardes sur ces misérables révoltés.

BADROULBOUDOUR. Oh ! vos soldats n'ont pas attendu vos ordres... En un clin d'œil ils ont balayé la place du Palais. Schérazade et Dinarzade ont été amenées sur la plate-forme en vue de la ville... et peut-être qu'à cette heure... (*On entend des cris, des rumeurs, précédés d'un coup de tamtam. Schariar fait un mouvement.*) Tout est fini !...

Second coup de tam-tam.

SCHARIAR. Mortes !... mortes toutes deux !...

Les cris se font entendre violemment. On entend briser les vitres du palais, puis le théâtre s'obscurcit tout-à-coup. Le tonnerre gronde, les rideaux du lit s'ouvrent, et Ismael, le génie blanc, paraît.

LE GÉNIE ISMAEL. Sultan Schariar ! tes cruautés ont lassé les puissances célestes !... un ange avait été envoyé sur la route pour te rendre meilleur... cet ange... tu l'as méconnu ! tu l'as frappé !... tu as abusé de ta force ; je viens te renverser de ton trône... Puissance, richesses, joies du monde... Brahma te retire tous ces biens d'ici-bas, pour te donner en échange misères, souffrances et remords. Ton lâche favori partagera ton châtiment !... Tu vieilliras avant l'âge !!!... Un jour peut-être tu pourras reconquérir tous ces biens perdus... Oui... recueille ces paroles que ma pitié te jette : « Schérazade vient d'expirer, et Brahma seul sait où son âme s'est réfugiée... Pars donc à la recherche de cette âme !..... Pour que Brahma te laisse fléchir, il faut que l'âme de Schérazade te pardonne ! »

Schariar et Badroulboudour s'abîment sous terre, le génie Ismaël disparaît. Le décor change.

DEUXIÈME TABLEAU.

PERSONNAGES.	ACTEURS.
SCHARIAR.	M. RICOCHET.
BADROULBOUDOUR.	M. GABRIEL.
UN CRIEUR.	M. VISOT.
AGIB.	M. MARCHAND.
KERIM.	M. LIVOYSEY.

HÉRAUTS D'ARMES, PÊCHEURS DES DEUX SEXES, GARDES.

SCÈNE PREMIÈRE.

LES PÊCHEURS.

Des cabanes sur le bord de la mer.

SCHARIAR, BADROULBOUDOUR, PÊCHEURS.

CHŒUR DE PÊCHEURS, *ils retirent leurs filets.*

PREMIER COUPLET.

Le laboureur
Sur cette terre (*Bis.*)
A sa moisson.
Pour le pêcheur
Dans l'onde amère (*Bis.*)
Est le poisson.
Le destin nous donne largesse,
Ou largesse, ou pauvreté !
Ce qui vaut presque la richesse,
C'est la gaieté !

DEUXIÈME COUPLET.

Au grand seigneur
Il faut dorure, (*Bis.*)
Soie et velours !
Mais au pêcheur
Simple parure, (*Bis.*)
Tendres amours.
Le destin nous donne largesse,
Ou largesse, ou pauvreté !
Ce qui vaut presque la richesse,
C'est la gaieté !

Les Femmes des Pêcheurs dansent sur la ritournelle. Les danses sont interrompues par l'arrivée d'Agib.

AGIB. Assez de danses..., au travail !

Les Pêcheurs se dispersent et laissent voir Schariar et Badroulboudour, endormis près de leurs filets, l'un à droite, l'autre à gauche ; ils portent de misérables costumes de pêcheurs.

SCHARIAR, *rêvant.* Je veux des fêtes, des danses, des festins !...

BADROULBOUDOUR, *rêvant.* Versez les vins de Schiras... versez toujours... Ah ! le joli vin !

SCHARIAR, *rêvant.* Holà !... gardes, visir... obéissez !

BADROULBOUDOUR, *rêvant.* Grand sultan ! vous êtes le plus magnanime, le plus aimable des mortels !

SCHARIAR, *rêvant.* Qu'on les étrangle tous !

BADROULBOUDOUR, *rêvant.* Vive le sultan !... ah ! l'aimable sultan !... Ah ! le joli vin !

La musique continue un instant et termine par un forté.

Tous deux s'éveillent en sursaut.

SCHARIAR. Qui se permet de m'éveiller ainsi ?

BADROULBOUDOUR. Oh ! ce lit est horriblement dur !... on a mal remué mes coussins.

SCHARIAR, *promenant ses regards autour de lui.* Où suis-je donc ?

BADROULBOUDOUR. Qu'est-ce que c'est donc que tout ça ?

SCHARIAR. C'est la voix de Badroulboudour.

BADROULBOUDOUR. C'est l'organe du sultan !... Oh ! tout me revient à l'esprit...

SCHARIAR. Badroulboudour.

BADROULBOUDOUR. Maître ?

SCHARIAR. Cette livrée de l'esclavage... Est-ce que je rêve, Badroulboudour ?

BADROULBOUDOUR. Hélas ! c'est tout à l'heure que nous rêvions, lorsque nous nous figurions être encore moelleusement couchés sur des divans d'autruche.

SCHARIAR. Pourquoi ne suis-je pas dans mon palais ?

BADROULBOUDOUR, *se levant.* Votre palais !... Si mon sublime maître voulait frotter ses divines paupières, et rassembler ses sublimes idées... il se rappellerait son dernier jour de puissance... Cette belle Scheherazade pour laquelle il a été sans pitié... sa gentille sœur que j'aimais d'amour... et ce malheureux visir, leur père, privé de sa langue, l'infortuné!...

SCHARIAR, se levant et passant la main sur son front. Oh! oui... oui... je me souviens!

BADROULBOUDOUR. Et les paroles terribles du génie blanc : « Tu perds en ce jour ton trône, ta « puissance, tes richesses., tu vieilliras avant « l'âge.. » (Envisageant le sultan) Par Brahma! vous n'êtes déjà plus le même?

SCHARIAR. Que veut-tu dire?

BADROULBOUDOUR. Vous aviez l'œil fier, l'œil ardent... vous avez l'œil abattu!... ah! ça fait peine à voir.

SCHARIAR. Il serait possible!

BADROULBOUDOUR, à part. C'est drôle, comme je lui trouve l'air commun depuis qu'il n'est plus sultan.

Il ôte son turban pour s'en cacher le visage.

SCHARIAR. Mais, toi-même?

BADROULBOUDOUR, qui est entièrement chauve, sauf une petite houppe sur le devant de la tête. Moi-même?... oh! je n'ai rien, n'est-ce pas?... C'est pour m'effrayer.

SCHARIAR. Tu t'es donc fait raser la tête?...

BADROULBOUDOUR, portant la main à sa tête. Ciel!... un genou!... j'ai perdu ma soyeuse chevelure... Non... je sens des cheveux... une grosse mèche, une seule... ça doit être horrible!...

SCHARIAR, avec découragement. Et tous deux, sous ces pauvres vêtements?.. O Brahma! quelle vengeance!... hier, hier encore... sultan des Indes!

BADROULBOUDOUR. Hier, hier encore premier favori de ce sultan des Indes!...

SCHARIAR. Et maintenant...

SCÈNE II.

LES MÊMES, AGIB, un fouet à la main.

AGIB, au sultan et à Bradoulboudour. Allons, paresseux, au travail!

SCHARIAR. A qui parle cet homme?

AGIB, avec brutalité. A qui je parle?... mais à toi, fainéant.

BADROULBOUDOUR. Fainéant?... dites donc... savez-vous...

AGIB, l'interrompant. Silence, esclaves!.. N'êtes-vous pas ma propriété?... ne vous ai-je pas achetés, ce matin, au marchand Aboulcasem?

BADROULBOUDOUR. Aboulcasem nous a vendus?

SCHARIAR. Nous!

AGIB. Oui, vous, pendant que vous dormiez là, paresseux; assez de paroles inutiles... ou gare les coups de fouet!... Il s'agit de travailler sans relâche. Ne savez-vous pas que toutes mes économies de l'année m'ont été enlevées hier par l'ordre du sultan?

SCHARIAR. Par ordre du sultan?

AGIB. Oui, pour acquitter la nouvelle taxe sur la pêche... ah! heureusement qu'il n'augmentera plus désormais nos impôts, ce sultan maudit!

SCHARIAR. Pourquoi cela?

AGIB. Révolté de sa tyrannie, le peuple s'est soulevé... il a juré la mort de Schariar, et de son lâche favori Bradoulboudour... Tous deux se cachent, mais on s'est mis à leur recherche.

SCHARIAR. Et si l'on parvient à s'emparer du sultan?

BADROULBOUDOUR. Si l'on trouve.., Badroul... comment avez-vous dit?... boudour...

AGIB. Oh! si on les attrape... leur mort est jurée.

BADROULBOUDOUR. Vous croyez!

AGIB. Quant à moi, s'ils me tombent sous la main...

BADROULBOUDOUR, bas, à Schariar. Cet homme a des épaules affreuses... par bonheur, sous ces vêtements nous sommes méconnaissables... moi, surtout avec ma houppe... ma houppe me sauvera!..

AGIB, qui est allé au fond. Ah ça, camarades, voilà votre poste et vos filets; si, ce soir, vous n'avez pas gagné votre journée, vous souperez par cœur. (On entend au dehors plusieurs sons de trompe.) Qu'est-ce que cela?... le peuple... un héraut... le chef des gardes du palais

SCHARIAR. Le chef des gardes... nous allons bien voir.

BADROULBOUDOUR. Oh! par grâce, soyez prudent... ne vous découvrez pas... écoutons d'abord...

SCÈNE III.

SCHARIAR, AGIB, BADROULBOUDOUR, LE CHEF DES GARDES, HÉRAUT, sonnant de la trompette, PEUPLE.

Air du Dieu et de la Bayadère. (Acte 1er, sc. 11.)

CHŒUR DU PEUPLE.

A la terreur succède
Un heureux avenir!
Le ciel nous vient en aide,
Vive le grand visir!
Vive, vive le grand visir!
C'est la garde du grand visir,
Que chacun de nous doit bénir!

LE CHEF DE *après plusieurs sons de trompe.*

RÉCITATIF.

Écoutez tous!

Déroulant un parchemin.

Si, hors de notre ville,
Les deux tyrans, dont la tête est à prix,
Se présentaient...

SCHARIAR.
Je frémis!

LE CHEF.
Cent mille sequins sont promis
A qui fera découvrir leur asile!
Tel est l'ordre du grand visir.
Peuple vous m'entendez!

LE CHŒUR.
A la terreur succède
Un heureux avenir!

Le ciel nous vient en aide.
Vive le grand visir!
Vive, vive le grand visir!

Ils sortent tous. Agib avec eux. On entend dans le lointain la trompe annonçant que la même proclamation se fait sur une autre place.

SCÈNE IV.

SCHARIAR, BADROULBOUDOUR.

Ils se regardent un instant sans mot dire.

SCHARIAR, *avec accablement*. Eh bien, tu viens d'entendre... notre tête...

BADROULBOUDOUR. Mise à prix!

SCHARIAR. Cent mille sequins de récompense à qui nous livrera...

BADROULBOUDOUR. C'est à raison de cinquante mille sequins par tête... Ma tête est estimée cinquante mille sequins!... ça a du moins quelque chose de flatteur.

SCHARIAR. Et c'est mon visir qui règne à ma place!...

BADROULBOUDOUR. Un visir privé de sa langue... Comment fera-t-il pour déguiser sa pensée, pour haranguer son peuple? le malheureux!

SCHARIAR, *se promenant avec agitation*. Moi, Schariar, souverain des Indes!... chassé comme un paria de mes états!... Ma tête mise à prix!... Eh bien, qu'ils la prennent donc!... car je préfère cent fois la mort à cet état d'avilissement.

BADROULBOUDOUR, *à lui-même*. La mort! la mort!... ça demande réflexion.

SCHARIAR *s'assied, accablé*. Mais ai-je droit de me plaindre?... Pauvre Scherazade! tombée sous mes coups aveugles!... comment expier ma faute? « Pour fléchir Brahma, il faut, m'a dit le génie blanc, que l'âme de Scherazade te pardonne... » Ah! si du moins je pouvais savoir où est passée sa chère âme!... j'implorerais sa pitié, puisque c'est à ce prix que mon malheur peut cesser, et elle me pardonnerait... elle était si bonne!

BADROULBOUDOUR. Et Dinarzade donc!... bonnes toutes deux comme deux gâteaux de maïs!... Mais le moyen de retrouver leurs âmes?... Informez-vous donc!... Qui diable vous indiquera le chemin à prendre?

SCHARIAR. Oh! n'importe: si Brahma nous a fait espérer leur pardon, c'est qu'elles doivent un jour se révéler à nous; c'est que nous parviendrons à les atteindre!... dans un temps bien éloigné peut-être, et après que nous aurons cruellement souffert! Mais notre devoir est de lutter sans relâche, avec courage... Que ne puis-je pénétrer les secrets de notre divine métempsycose, la doctrine du grand Fô, fils de Sang-Vaô!

BADROULBOUDOUR. Hen, hen!... Est-ce bien vrai tout ce qu'il avance, le grand Fô?

SCHARIAR. Si c'est vrai!

BADROULBOUDOUR. Enfin, que dit-elle au juste sa doctrine?

SCHARIAR. Il y est écrit: « Lorsque notre âme nous quitte pour aller habiter de nouveaux corps... »

BADROULBOUDOUR. Elle passe dans une nouvelle enveloppe, dans celle d'un animal, et tout est dit; je sais ça.

SCHARIAR. Non, tout n'est pas fini. Le grand Fô affirme que notre âme ne s'arrête pas là: du corps de l'oiseau, elle passe dans la fleur que tu foules à tes pieds. Elle donne la vie à l'arbre qui te couvre de son feuillage; elle renaît partout; elle est dans tout, car rien ne se perd, et tout se renouvelle dans ce vieux monde que Vishnou conserve.

BADROULBOUDOUR. Ainsi nous renaissons dans les plantes, dans les fleurs, comme dans les légumes.

SCHARIAR. Le grand Fô l'affirme!

BADROULBOUDOUR. Les animaux, ça passe encore. J'ai eu de proches parents qui, bien certainement, vu leur intelligence, de bipèdes qu'ils étaient, doivent, à l'heure où je parle, trotter à quatre pattes; aussi j'ai les plus grands égards pour toutes les bêtes!... mais des fruits, des légumes!... c'est plus fort!... Penser que, d'un moment à l'autre, je puis manger d'un seul coup une prune et une de mes cousines!... que je suis exposé à croquer ma vieille tante sous la forme d'une carotte!... Voilà ce que j'adopte difficilement.

SCHARIAR. Insensé!... le célèbre Pythagore lui-même ne l'affirme-t-il pas?

BADROULBOUDOUR. Vrai! ce fameux philosophe qui disait se souvenir d'avoir été un parfait animal, devons-nous le croire?

SCHARIAR. Et me croiras-tu, moi, Schariar, que tu n'as jamais entendu mentir, quand je te dirai que je me rappelle une autre vie, une autre forme, une autre destinée?

BADROULBOUDOUR. Vous, maître?

SCHARIAR. Oui, Badroulboudour, j'ai souvenance de la dernière station de mon âme!

BADROULBOUDOUR. En vérité!... Et y a-t-il de l'indiscrétion à vous demander ce que vous faisiez jadis?

SCHARIAR. Autant qu'il m'est permis de dissiper les nuages du passé... j'habitais un pays froid, j'avais des ailes, je franchissais les distances, en m'élevant jusqu'au ciel!

BADROULBOUDOUR. Vous voliez? vous étiez oiseau?...

SCHARIAR. Oui, je me rappelle: aigle superbe, mon œil ardent pouvait regarder en face le soleil! mes ailes frémissantes s'étendaient majestueusement dans l'espace!... A ma vue, le berger fuyait entraînant son troupeau; mais poussant un cri aigu, je fondais sur ma proie; mes serres impitoyables saisissaient ma victime, que je transportais au plus haut de la montagne, en défiant les hommes, en défiant l'univers!

BADROULBOUDOUR, *qui devient rêveur*. Je vous crois, maître, je vous crois!... Et tenez, à mon tour, mes souvenirs s'éveillent!... Attendez, j'aime à me promener la nuit, quand il fait beau, car je crains l'eau!... et si le temps tourne à l'orage, j'ai assez l'habitude de passer ma main comme ça, au-dessus de mon oreille!... Est-ce que j'aurais été chat, par hasard?

SCHARIAR. Cela est possible.

BADROULBOUDOUR. D'autant que j'ai toujours aimé les chatteries... sans doute un reste de mon premier tempérament. (*Comme inspiré.*) Non! non!... je tiens ma métamorphose! je la tiens!... Vous savez que j'ai horreur des voyages, des marches forcées, et que j'exècre porter le moindre fardeau!... Eh bien, j'en suis sûr maintenant, cette répugnance vient de ce qu'on a abusé autrefois de mes jambes et de mon dos... oui, j'ai dû être dromadaire!...

SCHARIAR. En effet, il t'en reste quelque chose.. ce nez busqué, ce dos voûté...

BADROULBOUDOUR. Et dire qu'il va falloir recommencer ici, sous la forme d'un pêcheur, cette existence de travail et de fatigues continuelles, ne se nourrir que de pastèques, de pilau ou de fèves mal cuites!... Mais j'aimais autant mon autre condition! oui, les chameaux sont moins malheureux!

SCHARIAR. Insensé! au lieu de nous plaindre, implorons plutôt la clémence de Brahma.

BADROULBOUDOUR, *les yeux au ciel et avec explosion.* Oh! oui! Brahma! une autre enveloppe, s'il vous plaît!

ENSEMBLE.

AIR : *Change-moi.*

Change, change-moi!
Brahma, Brahma! je t'en supplie!
On fais que j'oublie

SCHARIAR.   BADROULBOUDOUR.
Que je fus roi.   Mon autre emploi.
Ici, ma vie
Dépend de toi!

BADROULBOUDOUR.
Jette un regard sur nous!

SCHARIAR.
Tu nous vois à genoux!

BADROULBOUDOUR.
Laisse à notre avenir

SCHARIAR.
Le repentir!

BADROULBOUDOUR.
Fais-nous petits oiseaux,
Ou poissons dans les eaux;
Fais-nous moutons, chevaux,
Mais pas chameaux!

REPRISE ENSEMBLE.
Change, change-moi, etc.

Une flamme traverse le théâtre.

SCHARIAR. Le ciel nous a entendus... Brahma nous prend en pitié! Ah! maintenant j'ai plus de courage; allons, au travail, esclave! gagne ta vie à la sueur de ton front.

BADROULBOUDOUR. C'est ça, et retirons nos filets, afin de manger ce soir.

SCHARIAR. Tu peux songer à manger, toi!

BADROULBOUDOUR. Ce n'est pas moi, c'est mon ventre qui fait des réflexions, le raisonneur!

SCHARIAR. Le destin le veut, obéissons; à la pêche, Badroulboudour!

BADROULBOUDOUR. A la pêche!... Commençons notre apprentissage; quand on n'a pas été élevé à ça, c'est encore difficile! Enlevons le filet!... la... comme ça. soutenez ferme!

Ils enlèvent le filet.

SCHARIAR. Amenons-le à terre, maintenant... Qu'il est lourd!

BADROULBOUDOUR. Nous devons avoir pris un poisson énorme; nous mangerons ce soir! C'est au moins un esturgeon... Voyons, voyons.

SCHARIAR. Qu'est-ce que cela?... Ah! malheur! un vieux vase de bronze!

BADROULBOUDOUR. Encore si nous avions pêché la fameuse lampe d'Aladin dont parlait Scherazade dans son trois cent et unième conte... elle servirait à nous transporter loin d'ici... Au lieu de cela... un vase très-orné de vert-de-gris... (*Il veut l'ouvrir.*) Tiens! il est hermétiquement fermé!

SCHARIAR. Rejette-le à la mer.

BADROULBOUDOUR. Auparavant, il faut l'ouvrir, qui sait? il contient peut-être un trésor.. ça s'est vu!... et avec un peu d'adresse... (*Il pose le vase à terre, et pendant que Schariar le tient, il ôte le couvercle avec effort. Dès que le vase est ouvert, une épaisse fumée s'en échappe.*) Le voici ouvert... qu'est-ce que cela signifie?

SCHARIAR. C'est ton trésor qui s'en va en fumée!

BADROULBOUDOUR. Il y en avait beaucoup!

Au milieu de la fumée apparaît un génie. Schariar s'incline, Badroulboudour tombe à genoux.

SCÈNE V.

LES MÊMES, LE GÉNIE KÉRIM.

KÉRIM. Merci à mes libérateurs!

SCHARIAR. Tes libérateurs... Qui es-tu donc?

KÉRIM. Le génie Kérim, enfermé depuis deux siècles dans ce vase de bronze, pour avoir douté de la puissance de Vishnou; j'étais coupable, je fus puni. Mais vous venez de me rendre enfin à la liberté, et je veux reconnaître ce service. Que puis-je faire pour vous?

SCHARIAR. Tout!

BADROULBOUDOUR. Oh! oui, tout!

SCHARIAR. Nous sommes en esclavage.

BADROULBOUDOUR. Et pour fuir de ces lieux...

SCHARIAR. Nous sommes prêts à tout entreprendre!

KÉRIM. Ne parliez-vous pas tout à l'heure de la lampe d'Aladin?

SCHARIAR. Existerait-elle encore?

KÉRIM. Toujours... quoiqu'elle ait perdu beaucoup de sa puissance.

SCHAHRIAR. Ah! si elle avait conservé seulement la faculté de transporter son maître d'un lieu dans un autre... ce serait pour nous le plus précieux bienfait.

BADROULBOUDOUR. D'autant que nous sommes destinés à faire pas mal de voyages.

KÉRIM. Je le sais; vous êtes à la recherche d'une âme fugitive. (*Étonnement de Schahriar et de son favori. A Schahriar.*) La lampe a conservé le pouvoir dont tu parles, et je puis te rendre maître de la lampe. Mais j'ai besoin du concours de l'enchanteur Mulouk, mort il y a trois mille ans.

BADROULBOUDOUR. Pauvre cher homme! il n'est guère en état de nous servir, alors.

KÉRIM. Son âme habite, depuis ce temps, le corps d'un babouin vert... ce singe, c'est Mulouk!... C'est sous cette enveloppe qu'il a su, à force de recherches, retrouver la lampe. Il la tient cachée, la dérobe à tous les regards, attendant le jour où son âme reviendra habiter une forme humaine. D'après mes calculs, le temps de cette transformation approche. Il faut se hâter. Mulouk est puissant; mais je suis plus puissant que lui, moi!... et à l'aide de ces seules paroles, prononcées par vous: « Au nom de Kérim, je viens te demander la lampe, » il sera forcé d'obéir.

SCHAHRIAR. Mais où trouver ce babouin?...

BADROULBOUDOUR. Vert?...

KÉRIM. Dans le royaume des singes.

SCHAHRIAR. Qui peut nous y conduire?

KÉRIM. Votre courage.

SCHAHRIAR. Pour fuir de ces lieux nous en aurons.

BADROULBOUDOUR. Et pourvu qu'il n'y ait pas trop à courir... J'ai tant marché autrefois...

KÉRIM. Rassure-toi; depuis que je suis prisonnier au fond de la mer... j'ai fait la connaissance de plusieurs génies marins...

BADROULBOUDOUR. Et vous espérez qu'avec le secours de ces poissons...

KÉRIM. Étendant la main au-dessus de la mer. J'espère qu'à la voix de Kérim, leur ami, ils viendront à son aide!

On voit sortir de l'eau, un char fait avec des coquillages, et traîné par deux énormes poissons volants.

BADROULBOUDOUR. Oh! le charmant coquillage!.. la belle huître!... ô les beaux poissons!... Et ils pourront nous conduire?

KÉRIM. Comme le vent.

Schahriar se place.

BADROULBOUDOUR. Et moi?.. (*Le Génie indique du doigt l'huître qui s'ouvre.*) Dans l'huître?

SCHAHRIAR. Partons, Badroulboudour.

BADROULBOUDOUR. Oui, partons pour le royaume des singes.

Il monte avec Schahriar dans le petit char, qui s'éloigne aussitôt. Le décor change et représente un petit salon dans le royaume des Singes.

TROISIÈME TABLEAU.

PERSONNAGES.	ACTEURS.
SCHAHRIAR............	M. RACOCEF.
BADROULBOUDOUR........	M. GABRIEL.
M. MANDRILLE...........	M. GÉDÉLU.
Mme MANDRILLE..........	Mlle VALLIER.
LE BABOUIN VERT.......	M. RAYEL.
UN MAÎTRE DE VIOLON.....	M. HAZIED.
UN PIANISTE...........	M. GÉLRIN.
UNE DANSEUSE..........	Mlle F. NEUE.
UN JOCKEY............	M. LACRENÇON fils.
UNE SUIVANTE..........	Mlle J. LACRENÇON.

LE ROYAUME DES SINGES.

SCÈNE PREMIÈRE.

Un salon, style Louis XV.

Au lever du rideau, un Singe, en costume de Jockey, époussète avec un plumeau et met tout en ordre dans le salon. M. Mandrille paraît en robe de chambre, lisant le Journal des Singes; il donne des ordres au Jockey, qui, aidé d'un autre Domestique en livrée, apporte un petit clavecin et des tabourets pour les invités qu'on attend, car M. Mandrille donne une grande matinée musicale. Une petite Guenon, femme de chambre, costumée de soubrette, porte la robe à falbalas de Mme Mandrille; puis arrive le maître de violon pour M. Mandrille.

SCÈNE II.

M. MANDRILLE ET SON PROFESSEUR.

Le Jockey a apporté un pupitre; M. Mandrille prend sa leçon; puis le Jockey, qui s'est éloigné, revient annoncer que la société arrive.

SCÈNE III.

LES MÊMES, Mme MANDRILLE, LE BABOUIN VERT, LE PIANISTE CHEVELU, INVITÉS EN TOILETTE.

On se place, les glaces circulent. Le Babouin, qui est un farceur de société, propose de faire des tours pour égayer les invités. Intermède du Babouin vert. La société applaudit beaucoup. Puis on se place pour danser, et l'on exécute un menuet avec force singeries. Ensuite madame Mandrille s'assied au clavecin pour exécuter une sonate à quatre pattes avec un célèbre pianiste très-chevelu. Ils vont commencer; M. Mandrille, qui de son côté veut faire sa partie sur le violon, donne déjà sur son pupitre le signal avec son archet, lorsque le sultan et son favori se montrent à la fenêtre.

SCÈNE IV.

LES MÊMES, SCHAHRIAR, BADROULBOUDOUR.

SCHAHRIAR. Mille pardons de vous déranger... (*Ces mots causent une panique générale, tous les singes sautent de peur sur les chaises, sur les meubles.*) Rassurez-vous... nous ne venons pas troubler vos plaisirs.

BADROULBOUDOUR. Nous vous apportons au contraire, du maïs, des noisettes, des fruits confits d'Orient. Tenez, voyez plutôt...

Badroulboudour leur montre et leur abandonne un panier; les singes se rassurent, sautent de plaisir, et M. Mandrille, avec force salutations fait, signe aux voyageurs qu'ils peuvent entrer; il va lui-même à leur rencontre pour leur montrer la porte. Pendant ce temps toute la société se jette pêle-mêle sur le panier, et reprend tout à coup l'air empesé du grand monde, à l'entrée de Schariar et de Badroulboudour. M. Mandrille fait asseoir ce dernier tout près d'une vieille coquette de guenon, qui lui fait des mines et imite tous ses mouvements.

SCHARIAR, *à part.* Parmi tous ces singes, comment trouver celui que je cherche?... Voyons. (*Haut.*) Nous sommes heureux de nous trouver dans une réunion aussi choisie... (*Toute la société se lève, les Singes saluent gravement, les Guenons font une profonde révérence.*) Cependant notre arrivée dans ce royaume a un but... oui, un but intéressé... Nous sommes à la recherche du célèbre Babouin vert qui fut jadis l'enchanteur Mulouck. (*A peine a-t-il achevé, que le Babouin roule à ses pieds et le salue à plusieurs reprises.*) C'est lui!...

BADROULBOUDOUR. C'est lui!... (*Puis s'adressant à sa voisine.*) Ah ça, guenon, ça devient peu décent ce que vous faites.

SCHARIAR, *qui regarde toujours le singe.* O Kérim! tu ne m'as pas trompé! (*A ce nom de Kérim, le Babouin s'élance par la fenêtre et disparaît.*) Eh bien! il s'éloigne? soupçonnerait-il le but de ma visite... et le nom seul de Kérim l'aurait-il épouvanté? Je cours à sa poursuite.

Il s'éloigne.

BADROULBOUDOUR. Allez, maître, courez. Vous alliez faire de la musique lorsque nous sommes arrivés... veuillez continuer. (*Musique. M. Mandrille fait un signe affirmatif, va prendre Badroulboudour par la main, la conduit au clavecin et l'invite à chanter.*) Moi, chanter! volontiers. (*A part.*) De cette façon du moins je serai débarrassé de la guenon ici... Qu'est-ce que je vais leur chanter? il faudrait trouver quelque chose de circonstance! j'y suis. (*Haut.*) Je vais vous chanter les amours d'une guenon.

Air *de M. Pilati.*

Singes de tous pays et de toutes couleurs,
Écoutez (bis) une histoire touchante;
D'une tendre guenon je chante
Et les amours et les malheurs.

PREMIER COUPLET.

Une guenon au doux visage,
A la fourrure de satin,
Naïve, avait reçu l'hommage
D'un gentil petit babouin.

(*Parlé.*) C'était la coqueluche des singes! figure expressive, tournure élégante, et de première force sur les cabrioles. Aussi notre babouin avait-il entortillé la pauvrette.

Pour lui plaire, il fallait voir comme
Il faisait mille tours divers;
Il cueillait la plus belle pomme, } *bis.*
Des noix et des abricots verts,

(*Parlé.*) Et des raisins donc! et des amandes, et des ananas qu'il déposait chaque jour à ses pattes!

Et puis sa maîtresse } *bis.*
Croquait tout cela
Ah! quelle tendresse!
Quelle gentillesse!
Les jolis amours que ces amours-là. *ter.*

DEUXIÈME COUPLET.

Mais par malheur, hélas! tout passe.
Le Babouin fut un trompeur,
Son amour n'était que grimace,
C'était un traître, un suborneur.

(*Parlé.*) Il ne pensait pas un mot de ce... (*Se reprenant.*) Il ne pensait pas un seul geste de tous les mamours qu'il faisait. Et un beau jour, oubliant tout, serment, honneur, pour une guenon coquette, il délaissa la guenon sensible. Un vieux singe cancanier révéla tout à cette dernière. Oh! alors ce fut déchirant à voir!

La pauvre amante abandonnée,
Pousse des cris, court en tous sens; } *bis.*
Et tout à coup l'infortunée
Avec l'amour perd le bon sens.

(*Parlé.*) Oui, hélas! elle devint folle, et depuis cette époque elle habite sous un saule pleureur et pleure avec lui.

Ah! la malheureuse } *bis.*
Amis, plaignons-la!
Aventure affreuse,
Ah! la malheureuse!

Tous les singes ont tiré leurs mouchoirs et se mettent à sangloter.

(*Parlé.*) Ah! mais doucement, je fais trop d'effet! Singes et guenons, mes amis, ne vous affligez point; tout ça n'est qu'une plaisanterie; ça n'est pas arrivé, parole d'honneur!

(*Chantant.*)

C'est un conte en l'air que cette histoire-là. *ter.*

Quand Badroulboudour a fini, un maître d'hôtel, le couteau au côté, vient annoncer que le dîner est servi. Tout le monde se lève. Des marmitons traversent le théâtre avec des plats chargés de mets. Quelques convives se permettent de tremper leurs doigts dans la sauce au passage de ces plats, puis tous entrent dans la salle à manger. Le Babouin vert, qui est revenu pendant le morceau qu'a chanté Badroulboudour, va sortir le dernier, lorsque Schariar l'arrête.

SCHARIAR. C'est lui!... Au nom du génie Kérim il me faut la lampe! (*A ces mots le Babouin se tortille de toutes les façons; puis, comme obéissant à une volonté supérieure, il ôte son habit, sa culotte, et vient s'incliner devant le Sultan. D'une voix plus forte.*) Au nom du génie Kérim, te dis-je!

Le Babouin indique par ses mouvements et ses gestes qu'il faut le suivre.

BADROULBOUDOUR. Il semble nous inviter à le suivre.

SCHARIAR. Il m'a compris. Viens, viens, Badroulboudour, nous sommes sauvés! nous aurons la lampe.

Le décor change et représente une vaste forêt vierge.

QUATRIÈME TABLEAU.

PERSONNAGES.	ACTEURS.
SCHARIAR...............	M. RACCOURT.
BADROULBOUDOUR.........	M. GABRIEL.
UN VOYAGEUR SINGE......	M. GRÉGILE.
UN VOLEUR SINGE.........	M. LACERÇON.
MULOUK...............	M. VERTER.
LE BABOUIN VERT.........	M. RAFEL.
KÉRIM................	M. LYOSSET.

SCÈNE PREMIÈRE.

Derrière un arbre se trouve un singe de mauvaise mine. Il a une redingote à petit collet et à brandebourgs d'argent, et tient un gros gourdin dans sa patte. Un voyageur arrive au fond, portant une petite valise. Le singe de mauvaise mine s'approche du voyageur, qui tremble aussitôt de tous ses membres, se laisse dévaliser et se sauve. Le voleur s'éloigne d'un autre côté en emportant son butin.

SCÈNE II.

LE BABOUIN VERT.

Il arive en cabriolant. Il est parvenu à égarer les voyageurs dans la forêt. Il grimpe sur les arbres. Lazzis et tours de souplesse de singe.

SCÈNE III.

LE BABOUIN sur un arbre, BADROULBOUDOUR, une orange à la main.

BADROULBOUDOUR. Nous voilà gentils! perdus! égarés dans cette immense forêt où l'on ne peut faire un pas sans entendre un tas de frou frou dans les feuilles! Oh! je ne connais rien qui donne le frisson comme ce bruit-là; ça agace! C'est ce damné Babouin vert qui nous a séparés. Je crois le voir d'un côté, mon maître de l'autre. Nous nous enfonçons dans de piquantes broussailles; et puis cherche, plus personne. Oh! je voudrais bien m'en aller d'ici et retrouver mon maître! J'ai faim, j'ai soif... J'ai cueilli ce fruit, mais je n'ose y porter mes dents. Cette orange est peut-être enchantée... Cette forêt doit être une forêt enchantée; il n'y a que moi ici qui ne suis nullement enchanté de m'y trouver. (Il aperçoit le singe qui lui fait des grimaces.) Ah! voilà le babouin! (Las parlant.) Babouin! votre conduite est inconvenante, mon ami. Si votre intention de me séparer de mon maître est préméditée, le génie Kérim vous punira, je vous en avertis!... (Musique. Coup de tonnerre.) Qu'est-ce que cela! (Le théâtre s'obscurcit.) Le ciel devient sombre, serait-ce déjà la nuit?

SCÈNE IV.

BADROULBOUDOUR sur le devant; au fond de la forêt on aperçoit SCHARIAR qui s'avance et semble être poursuivi par des spectres; il s'avance très-lentement à travers les arbres.

SCHARIAR, apercevant Badroulboudour qui s'est levé et qui le regarde avec défiance. Qui va là?

BADROULBOUDOUR, tombant à genoux. Grâce! grâce!

SCHARIAR. Badroulboudour!

BADROULBOUDOUR. C'est vous, maître! quel bonheur! je vous retrouve, j'aurai moins peur.

SCHARIAR. Et le babouin vert, où donc est-il?
On voit reparaître le Singe sur l'arbre.

BADROULBOUDOUR. Il se cache, cet affreux babouin!

SCHARIAR. Au nom de Kérim, qu'il reparaisse!
Musique. A ce moment, le Singe semble appeler à son secours tous les animaux de la forêt, qui viennent rôder autour de Schariar et de son favori.

BADROULBOUDOUR. Que Vishnou nous protége! nous sommes entourés de bêtes qui ont l'air d'avoir faim... nous allons fournir leur souper.

SCHARIAR, élevant la voix. Kérim, tu nous abandonnes.

KÉRIM, sortant tout à coup de terre ou d'un tronc d'arbre, un tapis rouge à la main. Non, me voici.

SCHARIAR. Le babouin vert n'obéit pas.

KÉRIM. C'est que l'heure va sonner pour la transformation de Mulouk; il espère conserver son talisman, mais j'arrive encore à temps. (Musique. Le Babouin vient se rouler aux pieds de Kérim d'un air suppliant.) A l'instant même je veux la lampe. (Coup de tam-tam. Le Babouin monte à l'arbre pour chercher la lampe. S'adressant à Schariar.) Et vous, prenez ce tapis qui a appartenu au grand Salomon... Quiconque se place dessus ne saurait périr par magie.

BADROULBOUDOUR. Il vient à propos.

Schariar étend le tapis à terre, ils se placent dessus; les Monstres n'osent plus approcher. Le Babouin vert descend de l'arbre et vient mettre la lampe aux pieds de Kérim.

KÉRIM, la prenant. Enfin!... (La donnant à Schariar.) Voici la lampe! nous sommes quittes! en la frottant elle vous conduira vers le pays qu'habitent les âmes que vous cherchez. (On entend sonner six heures avec un son lugubre.) Mais silence! l'heure sonne pour la transformation de Mulouk.

Dès que la sixième heure a sonné, le Babouin se transforme en un Génie noir, c'est Mulouk qui reprend sa première forme.

MULOUK. Malheur à vous qui m'avez volé mon talisman au moment où l'heure de la délivrance sonnait pour moi! malheur à vous!

Les Monstres, sur un signal de Mulouk, se rapprochent de Schariar et de Badroulboudour. La forêt est remplie de Diables et de Bêtes féroces.

NÉAIM. Pauvre Mulouk, tu t'épuises en vains efforts; pour se soustraire à tes enchantements, tu sais bien qu'ils n'ont qu'à frotter la lampe!

BADROULBOUDOUR. Frottez vite, maître... frottez vite.

SCHARIAR, *frottant la lampe.* Oui, et qu'elle nous conduise là où nous devons retrouver les âmes de Scherazade et de sa sœur!...

Le tapis les enlève tous les deux, les Monstres excités par Mulouk veulent en vain les atteindre; la forêt s'embrase. Le rideau tombe.

CINQUIÈME TABLEAU.

PERSONNAGES.	ACTEURS.
SCHARIAR...............	M. RACCOURT.
BADROULBOUDOUR.........	M. GABRIEL.
FICH-YANKO.............	M. MOISSARD.
PÉKO...................	M. DUBOIS.
OLIFOUR................	M. VISSOT.
KAN-DI.................	M. ALPHONSE.
TEPSALIE...............	Mlle V. KLOTZ.
NAÏDA..................	Mlle P. AMAT.

DANSE: Mlles NOBLET, LAURENÇON, RICHARD, AD. PAILLIER, CLÉMENT, HÉLOISE; MM. LAURENÇON, BERTHIER, GAÏDELLE, HASARD, TASSIN, PIERRARD; Enfants et corps de ballet.

SCÈNE PREMIÈRE.

LA CHINE.

Une place magnifique de la ville de Nankin. A gauche, le palais du gouverneur Fich-Yanko.

LE GOUVERNEUR FICH-YANKO, PÉKO, CHINOIS, CHINOISES, GARDES.

Au lever du rideau, le Gouverneur est assis sur un grand fauteuil au milieu de la place; il rend la justice. Péko se tient à côté du gouverneur, ayant en main un gros chasse-mouche de crin qu'il agite devant son maître.

AIR : *Du Dieu et la Bayadère.*

FICH-YANKO.
Chinois, admirez ma prudence,
Chacun est fort content, je pense.
Mes jugements sont tous parfaits,
Vous devez être satisfaits.

LE PEUPLE.
Quand tout nous accable,
Soyez équitable.

UN CHINOIS.
De taxes l'on m'oppresse!

FICH-YANKO.
Mes jugements

UN AUTRE CHINOIS.
On me prend mon argent!

FICH-YANKO.
Sont tous parfaits.

UN AUTRE.
On nous vole sans cesse.

UN AUTRE.
On nous bat trop souvent!

FICH-YANKO.
Mes jugements sont tous parfaits,
Vous devez être satisfaits.

LE PEUPLE, *suppliant.*
Gouverneur de Pékin !...

FICH-YANKO.
Dépêchons-nous; en ce moment
Mon déjeuner m'attend!

LE PEUPLE.
Mais rendez-nous justice;
De grâce, écoutez-nous.
Ah ! soyez-nous propice,
Nous vous implorons tous.

A la fin de cet ensemble, un air se fait entendre au loin.

PÉKO.
Silence! silence!
Du grand Fich-Yanko écoutez la sentence!

FICH-YANKO.
Chaque ouvrier, chaque marchand
Me payera d'abord, sur le champ....

Un bruit extraordinaire interrompt le gouverneur. On voit, dans les airs, Schariar et Badroulboudour qui passent sur le tapis et traversent le théâtre. Le peuple lève les yeux, les aperçoit et court du côté des voyageurs. Fich-Yanko et Péko n'ont rien vu.

SCÈNE II.

FICH-YANKO, PÉKO, GARDES.

FICH-YANKO. Eh bien..... qu'est-ce qui leur prend?... où courent-ils ? ils me laissent là au moment où je vais prononcer ma sentence ?..... Péko ?

PÉKO. Gouverneur ?

FICH-YANKO. Qu'est-ce que tu dis de ça?

PÉKO. Je crois que les habitants de Nankin ont perdu la tête... Il sont tous partis le nez en l'air!

FICH-YANKO. Je veux connaître le motif de cette sortie irrévérencieuse. (*A Kan-di qui revient.*) Eh bien, Kan-di, qu'y a-t-il ?

KAN-DI. Seigneur, un événement extraordinaire!

FICH-YANKO. Extraordinaire ?

KAN-DI. Merveilleux!

PÉKO. Merveilleux!

FICH-YANKO. Tu me piques, Kan-di, poursuis.

KAN-DI. Ce sont deux étrangers qui sont arrivés dans les airs... voyageant sur un tapis.

FICH-YANKO. Dans les airs !

PÉKO. Et sur un tapis !

FICH-YANKO. Et d'où viennent ces aériens ?

KAN-DI. On ne sait pas.

FICH-YANKO. Et que veulent-ils ?

KAN-DI. On se le demande.

PÉKO. Et qu'est-ce qu'on se répond ?

FICH-YANKO. Silence !— Ces gaillards-là me font l'effet de sorciers ou de contrebandiers... classes de gens prohibés en Chine. Je veux qu'on surveille ces deux hommes.... qu'on s'informe de ce qui les amène à Nankin. Quant à leur tapis, Péko... tu vas aller acheter ce véhicule de nouvelle espèce... ce doit être un tapis précieux; tu en offriras un prix modeste. Si on te le refuse, tu le prendras pour rien, de force... comme objet de contrebande, et tu me l'apporteras.

péko. Il suffit.

tich-vanko. Je rentre... pour déjeûner d'abord... puis pour faire disposer les appartements secrets destinés aux esclaves que je prétends acheter à Olifour; car j'ai autorisé la vente de sa marchandise, aujourd'hui fête de notre célèbre empereur le grand Chuen-Hieu! C'est ici que je ferai mon choix; mais je veux voir danser mes Chinois auparavant.

Air : *Bains de mer.* (Été.)

A mes ordres que tout s'apprête ;
Je veux une superbe fête !
Ici l'on dansera,
On s'amusera,
Tout cela me rajeunira !

Le Gouverneur rentre dans son palais avec ses gardes. Péko sort par le fond. Badroulboudour paraît du côté opposé.

SCÈNE III.

BADROULBOUDOUR, puis SCHARIAR.

Ils arrivent en costume chinois.

badroulboudour. Personne sur cette place..... venez, maître, venez, nous y serons en sûreté peut-être.

schariar. Que Brahma soit loué! nous sommes enfin délivrés de cette foule curieuse qui s'attachait à nos pas et proférait des menaces en nous traitant de sorciers.

badroulboudour. Et cela grâce à notre tapis... Aussi, voyant qu'il excitait les soupçons et la convoitise de chacun, je propose un échange... deux costumes chinois contre le tapis... j'avais mes raisons. On accepte et nous voilà pourvus de ces habits indispensables qui nous donnent déjà un petit air indigène. Quant au tapis, qui n'a de pouvoir qu'avec le secours de la lampe, il n'enlèvera pas bien haut son propriétaire. Ces braves magots auront beau s'asseoir, se rouler dessus... ils resteront cloués au sol qui les a vus naître. Nous voici donc à Naskin, chez les Nasquinois !

schariar. Et c'est dans ce pays que Schérazade et sa sœur doivent se révéler à nous!... Comment allons-nous les revoir ?... pauvres ou riches ?... femmes ou créatures bizarres ?.... auront-elles conservé leurs traits charmants ?... ou bien devons-nous retrouver leurs âmes sous une enveloppe repoussante ?

badroulboudour. Hélas !... nos belles Indiennes seront peut-être un peu chiffonnées... peut-être même n'ont-elles plus figure humaine !...

schariar. Oh! non, non... Tout me dit, au contraire, que nous les retrouverons femmes encore. Oh! oui, Badroulboudour, oui, j'ai l'espérance de retrouver ici des visages qui nous sourient... une main qui serre la nôtre, une bouche qui nous parle... un cœur qui nous pardonne!

badroulboudour. Puissiez-vous dire vrai ! Dès à présent commençons donc nos recherches à travers la ville ; mais, avant tout, pensons à mettre en lieu sûr notre précieux talisman.... le garder avec nous serait chose imprudente. O lampe magique! c'est grâce à ton secours que nous avons fait en si peu de temps le voyage de la Chine... Puisses-tu rester toujours entre nos mains !

schariar. Tu as raison. C'est malgré lui que l'enchanteur Mulouk nous a livré la lampe, et maintenant qu'il a repris sa forme humaine, il fera tout pour en redevenir possesseur.

badroulboudour. Ajoutez que, vu sa dernière nature, il doit être fin et adroit comme un singe. J'ai une peur affreuse de ce Mulouk.

schariar. Allons, Badroulboudour, parcourons la ville. Je vais à l'instant commencer mes recherches. Toi, va t'assurer d'un logis, afin de mettre notre lampe en sûreté.

badroulboudour. C'est convenu, nous nous retrouverons...

schariar. Ici, sur cette place.

Schariar s'éloigne par la gauche, Badroulboudour par la droite premier plan. Le peuple, Olifour et les esclaves arrivent par le fond.

SCÈNE IV.

OLIFOUR, TEPSALIE, NAIDA, MULOUK, sous le nom de *Zago*, FEMMES, ESCLAVES DE DIFFÉRENTES NATIONS, PEUPLE.

CHOEUR.

Air : *Du duc d'Olonne.*

Admirons cette caravane,
Ces esclaves de tous pays ;
Chez nous, plus d'une courtisane
N'a pas les traits aussi jolis.

ollfour, *aux Chinois.*

Oui, j'ai réuni pour vous plaire,
Ici, plus d'un minois charmant.
J'ai le désir de satisfaire
Tous vos goûts... mais argent comptant.

REPRISE DU CHOEUR, *pendant lequel le peuple s'éloigne.*

Admirons cette caravane,
Ces esclaves de tous pays.
Chez nous, plus d'une courtisane
N'a pas les traits aussi jolis.

four. La marchandise a l'air de leur plaire bravo ! j'espère en ce jour tripler mes capitaux. (*Aux Esclaves.*) Reposez-vous sur cette place, et surtout quittez cet air triste et maussade : je vous ordonne d'être gaies afin d'être gentilles. Je vais me prosterner aux pieds du gouverneur ; c'est un vieil amateur qui fera un choix parmi vous Quel honneur pour celle qui saura lui plaire ! (*à part*) et quel profit pour moi ! Quand je saurai celle qu'il désire, il la payera bien. (*A Mulouk.*) Zago en mon absence garde mes esclaves, tu m'en réponds.

MULOUK. Sur ma tête ! Zago a des yeux qui veillent toujours.

OLIFOUR. Oui, je sais que tu es vigilant et sévère ; c'est ce qu'il faut.

Musique. — Olifour entre chez le gouverneur.

SCÈNE V.

MULOUK, TEPSALIE, NAÏDA, Esclaves *à demi couchées sur des tapis.*

MULOUK. Oui, je veillerai, marchand d'esclaves ! sous les traits du nègre Zago, tu ignores que c'est l'enchanteur Mulouk qui te sert. (*Souriant amèrement.*) Mulouk le valet d'Olifour !... que m'importe après tout ? c'est ma lampe qu'il me faut, et avec ce seul mot : Persévérance ! j'atteindrai mon but. Mes calculs sont certains... Schariar viendra dans ce pays, Brahma l'y conduira ; attendons !

Musique. — Il s'éloigne lentement, plongé dans ses réflexions, et se promène au fond.

NAÏDA. Vois donc, ma sœur, vois donc ce méchant Zago, ne ressemble-t-il pas à l'esprit des ténèbres ?

TEPSALIE. Plus bas ! s'il t'entendait ! il est méchant et brutal ! il menace sans cesse.

NAÏDA. Oh ! ses grands yeux blancs ne me font pas peur.

TEPSALIE. Tu le braves toujours.

NAÏDA. Ça m'amuse de le voir grincer. Quand il enrage, il me fait rire.

TEPSALIE. Toujours gaie, toujours folle !

NAÏDA. Il le faut bien ! je me dis : Ce qui arrive doit arriver, et je prends le temps comme il vient. Orphelines toutes deux, nous vivions heureuses dans notre beau pays. Un corsaire nous rencontre seules sur le rivage, il nous entraîne et nous mène à son bord, malgré nos cris et notre résistance ! que faire à cela ! Se voir esclaves ! eh, mon Dieu ! notre sort à nous autres femmes n'est-il pas d'être esclaves toujours ? ici ou ailleurs, qu'importe !

TEPSALIE. Mais si nous sommes vendues à des maîtres différents ?

NAÏDA. Quand ils sauront que nous sommes sœurs, ils nous permettront de nous voir, de nous rendre visite ; ces Chinois ne sont pas des tigres !... allons, bonne sœur, ne nous désolons pas d'avance ; espère ! c'est si bon d'espérer !

Air : *De la Jardinière du roi.*
Au Dieu de ma patrie
Je crois !
Dans le ciel que je prie
J'ai foi !
Sœur, mets ton espérance
En moi ! *bis.*
Qui t'aime et qui ne pense
Qu'à toi !
Oui, du courage !
Notre esclavage

Quelque jour doit finir.
La peine est moins amère,
On souffre moins sur terre,
Lorsque dans sa misère
On est deux à souffrir.

TEPSALIE.
DEUXIÈME COUPLET.
Tu chasses de mon âme
L'effroi !
Dans l'espoir qui t'enflamme
J'ai foi !
Oui, j'aurai confiance
En toi !
Qui m'aime et qui ne pense
Qu'à moi !
Moi, pauvre fille,
Qui pour famille
N'ai plus que toi, ma sœur !
Oui, malgré la misère,
Notre amitié sincère
Peut encor, sur la terre,
Nous donner le bonheur.

NAÏDA. J'ai bien envie de courir un peu dans les environs de cette place.

TEPSALIE. Y songes-tu ? et Zago qui nous surveille ?

NAÏDA. Tâche de l'occuper un petit moment, le temps que je m'échappe... je t'en supplie !

TEPSALIE. Tu ne seras pas longtemps absente.

NAÏDA. Quelques minutes de liberté seulement, et je reviens.... appelle-le.

TEPSALIE. Attends. (*Naïda se rapproche des autres esclaves et guette le moment de s'enfuir. A Zago.*) Maître Zago, (*à part*) je l'appelle maître pour le flatter.

MULOUK, *s'approchant, d'une voix dure.* Que veux-tu ?

TEPSALIE, *imitant sa grosse voix.* Que veux-tu !... oh ! l'aimable gardien !

MULOUK. Voyons, finissons ! que veux-tu ?

TEPSALIE. Voilà. Maître Zago a-t-il assez de pouvoir pour accorder à une esclave curieuse la permission d'aller se promener un peu dans la ville ?

MULOUK. Je n'ai pas ce droit.

TEPSALIE, *faisant signe à sa sœur de s'échapper.* Alors j'ai donc plus de pouvoir que maître Zago, car, moi, je viens d'accorder cette permission.

MULOUK. Qu'est-ce que cela signifie ?

TEPSALIE. Zago a des yeux qui veillent toujours, mais on peut quelquefois les tromper.

MULOUK, *comptant ses esclaves.* Que veut-elle dire ? (*Avec colère.*) Il me manque une esclave !

TEPSALIE. Rien qu'une !

Schariar paraît au fond.

MULOUK. C'est ta sœur !... C'est pour favoriser sa fuite que tu m'as appelé...

TEPSALIE, *le raillant.* Oui, maître Zago.

MULOUK. Insolente esclave !...

Il lève son bâton sur Tepsalie, Schariar s'élance et le lui arrache violemment.

SCÈNE VI.

MULOUK, SCHARIAR, TEPSALIE, Esclaves.

SCHARIAR. Misérable !... frapper une femme ! (*Regardant Tepsalie.*) Qu'ai-je vu !
MULOUK, *à part.* C'est lui ! c'est Schariar !...
SCHARIAR. C'est elle !
MULOUK, *s'éloignant.* Ah !... modérons ma fureur, il ne m'échappera pas ! C'est bien lui !...
Mulouk s'éloigne lentement par la droite, en regardant Schariar avec un sourire infernal. Schariar, lui, ne voit que Tepsalie.

SCÈNE VII.

SCHARIAR, TEPSALIE, Esclaves.

TEPSALIE, *à Schariar.* Merci à toi qui, sans me connaître, m'as sauvée de la fureur de ce méchant noir.
SCHARIAR, *l'écoutant avec ivresse.* Sa voix !... sa voix aussi !... Scherazade !... ma chère Scherazade !... Je t'ai donc enfin retrouvée !
TEPSALIE. Scherazade !... quel est ce nom ?... On m'appelle Tepsalie.
SCHARIAR. Tepsalie, dis-tu ?... Mais n'es-tu pas née sur les bords du Gange ?
TEPSALIE. La Grèce est ma patrie.
SCHARIAR. Oh ! non, non... je ne suis point le jouet d'un songe... Scherazade !... oui, c'est bien elle... voilà son gracieux sourire... sa taille charmante... son beau regard... Scherazade !... Enfin Brahma te rend donc à mes vœux !
TEPSALIE. Le pauvre homme !... il a perdu la raison.
SCHARIAR. Oh ! rassure-toi, je ne suis pas fou... jamais ma mémoire ne fut aussi fidèle !... mes souvenirs aussi présents !... C'est toi, au contraire, dont l'âme oublieuse... mais comment lui expliquer cela ?.. Tu t'appelles Tepsalie, m'as-tu dit : oh ! écoute, et crois-moi, belle Tepsalie. Ce nom que j'ai prononcé en te voyant... cette Scherazade... eh bien, c'est une femme que j'adorais, et cette femme revit en toi, cette femme enfin, c'est toi !... Oui, son âme a passé dans la tienne... oui, c'est toi que j'ai aimée, toi que je retrouve, toi que je ne puis méconnaître.
TEPSALIE. Je cherche à vous comprendre... je ne puis.
SCHARIAR. Et cependant, l'âme, il me semble, doit emporter avec elle quelque souvenir confus, quelques traces du passé. Oh ! par grâce, jeune fille, interroge ton cœur... tes souvenirs... Cherche dans ces pensées vagues qui, parfois, nous bercent comme un songe. Ne te rappelles-tu pas avoir habité un palais magnifique dont les murs couverts de fleurs se baignaient dans les eaux du Gange ?... Alors tu étais couverte de pierreries... et les étoiles les plus précieuses composaient ta parure... C'était dans l'Inde... tâche de te souvenir... des jardins immenses... des lions... des éléphants de marbre... de hauts palmiers... Puis, une foule nombreuse qui suivait tes pas... en murmurant à tes oreilles : « Qu'elle est belle !... Oui celle-là est digne d'être notre reine ! »
TEPSALIE, *dont l'imagination est frappée.* Attendez... attendez... en effet... tout ce que vous me dites... oui, il me semble avoir vu cela... dans mes rêves... Mais pourquoi ces questions ?... quel intérêt vous guide ?
SCHARIAR. Quel intérêt !... Ah ! c'est qu'autrefois, celui qui te parle était puissant, à la tête d'un vaste empire... Hélas ! j'ai cruellement usé de ma puissance !... n'écoutant qu'une aveugle vengeance, j'ai fait retomber sur une jeune fille innocente la faute d'une femme qui m'avait trahi... Oui !... cette jeune fille je l'ai tuée... moi... tuée sans pitié !...
TEPSALIE, *s'éloignant de lui.* Oh ! c'est affreux !
SCHARIAR. Je te fais horreur !... oh oui, je fus bien coupable !... Mais tu ne sais pas de quels remords, de quelles souffrances j'ai payé ce dernier crime ! J'ai été condamné à errer sur cette terre... où le repos et le bonheur me seront impossibles jusqu'au jour où une jeune fille pure comme toi et ayant connaissance de toutes mes fautes... me dira : « Schariar, si ton repentir est sincère, au nom de celle qui fut ta victime, je te pardonne ! » O Tepsalie ! sois cette jeune fille, sois mon juge ! Brahma voit le fond de mon âme !... Je voudrais, je te le jure, racheter au prix de toute mon existence un seul des jours de Scherazade... Je me repens, je suis souffrant, exilé, malheureux !... Au nom de Scherazade, jeune fille, pardonne-moi !
TEPSALIE. Vos malheurs m'ont touchée... devant vos tourments je me sens émue de pitié... mais je ne puis rien... le Dieu que j'je prie a seul le droit d'absoudre le coupable.
SCHARIAR. Oh ! tu te laisseras fléchir !

SCÈNE VIII.

SCHARIAR, OLIFOUR, TEPSALIE, Esclaves, *puis* MULOUK.

OLIFOUR, *venant se placer entre Schariar et Tepsalie. A Schariar.* Arrière... je n'aime pas les chalands trop curieux.
SCHARIAR, *à part.* Le marchand ?... ô malheur ! (*Haut.*) Mais ne peut-on regarder tes esclaves ?
OLIFOUR. Oui, mais pas d'aussi près...
SCHARIAR. Et si je veux acheter, moi ?
OLIFOUR. Si tu veux acheter, choisis parmi les autres... Celle-ci est déjà retenue.
TEPSALIE. Moi !... Et ma sœur ?
OLIFOUR. Si l'on veut de ta sœur... ça peut s'arranger.
TEPSALIE. Et si l'on n'en veut pas...... nous serions donc séparées.

OLIFOUR. Oh! je m'occupe bien de cela!

TEPSALIE. Mais ce serait la mort pour elle et pour moi!

OLIFOUR. On ne meurt pas, ma belle, quand on a pour maître un Chinois puissant, amoureux et bête... C'est là le cadeau que j'espère te faire aujourd'hui.

Mulouk paraît au fond, écoute et s'approche lentement de Schariar.

SCHARIAR. Et s'il se présentait un acheteur pour toutes deux?

OLIFOUR. Oh!... bien que Tepsalie soit destinée au gouverneur, tu auras le droit de surenchérir à la vente; mais pour donner plus d'or que le grand Fich-Tanko, il faut que tu sois bien riche. (*A part.*) Examinons mes comptes.

Il va s'asseoir auprès de ses esclaves, écrit et compte son argent.

SCHARIAR, *à lui-même.* Je pourrais l'acheter!... elle serait à moi!... Hélas! ma lampe n'a plus qu'un seul pouvoir... et après elle, je n'ai rien au monde... rien!

MULOUK, *à demi-voix.* Tu te trompes... tu possèdes un trésor.

SCHARIAR, *à demi-voix.* Que veux-tu dire?

MULOUK. Cette lampe dont tu viens de parler...

SCHARIAR. Cette lampe... eh bien...

MULOUK. Si tu consentais à la vendre... on t'en donnerait un bon prix.

SCHARIAR. Qui?

MULOUK. Moi.

SCHARIAR. Toi? (*A part.*) Me dessaisir de ma lampe... Oh! non. Mais après tout, si je puis acheter cette esclave... à force de prières, j'obtiendrai d'elle mon pardon... et tous mes maux seront finis. Oh! je ne dois pas hésiter. (*A Mulouk.*) C'est qu'il me faudra beaucoup d'or.

MULOUK. Tu en auras beaucoup... viens.

SCHARIAR. Je te suis.

SCHARIAR. Tepsalie, espère en moi. Je te sauverai, je te ferai libre, et tu ne seras pas séparée de ta sœur!

Il suit Mulouk, après avoir fait un signe d'adieu à Tepsalie qui, le lui rend. Musique.

MULOUK, *avec joie.* Viens!

Il sort en entraînant Schariar par la gauche.

~~~~~~~~~~~~~~~~~~~~~~~~~~~~~

SCÈNE IX.

TEPSALIE, OLIFOUR, ESCLAVES, *puis* NAIDA, *et* BADROULBOUDOUR.

TEPSALIE. Cet homme est étrange... Il y a dans sa voix, dans son regard... quelque chose qui persuade. Libre!... ne pas me séparer de ma sœur, a-t-il dit... Comment ne pas croire aux paroles qui promettent le bonheur?..

Musique qui s'enchaîne avec l'air suivant. Naïda accourt, poursuivie par Badroulboudour.

BADROULBOUDOUR. Oh! je t'attraperai!

NAIDA. Laissez-moi.

BADROULBOUDOUR. Que je te laisse? jamais!

Air: Sois moins cruelle. (L'argent, la gloire et les femmes, acte 1, scène 4.)

> Grecque ou Turquoise,
> Je suis tes pas;
> Ombre chinoise,
> Ne t'enfuis pas!
> Ombre chinoise, *bis.*
> Ah! par pitié, ne t'enfuis pas!

NAIDA. Me laisserez-vous enfin?.. que voulez-vous? que demandez-vous?

BADROULBOUDOUR. Dinarzade!... mais regardez-moi donc bien.

NAIDA. Dinarzade?... encore!... (*A Tepsalie.*) Comprends-tu que cet homme veut me persuader que je ne m'appelle pas Naïda... que mon vrai nom est Dinarzade?..

TEPSALIE, *étonnée.* Quelle bizarrerie!... c'est comme moi... là tout à l'heure, un étranger m'appelait...

BADROULBOUDOUR, *apercevant Tepsalie.* Scherazade!... elle aussi!.. C'est Scherazade!... (*A part.*) Et mon maître qui n'est pas là!

Il va au fond, pour guetter Schariar.

TEPSALIE, *reculant, avec un peu d'effroi.* Ah! voilà qui est singulier.. Naïda.. C'est juste le nom que l'autre m'a donné.

NAIDA. Ce n'est pas tout. Imagine-toi que depuis un quart d'heure ce Chinois me parle d'un pays que j'ai dû habiter... d'un sultan cruel dont il était le favori.

TEPSALIE. Toujours comme moi.

NAIDA. Il prétend qu'il me faisait la cour dans ce temps-là.

BADROULBOUDOUR*. Mais oui!... mais oui!... mais vous y mettez toutes deux de la mauvaise volonté. Nous nous retrouvons en Chine, c'est vrai... mais nous nous sommes parfaitement connus ailleurs... chez les Indous, à Séringapatam... dans le palais du sultan. Dinarzade, rappelez-vous donc les beaux jardins ornés de dattes, de raisins dorés, et de figues rouges... Oh! les figues rouges!... les aimiez-vous?... vous en croquiez toute la journée, friande!..

NAIDA, *riant.* Moi?... est-il drôle avec ses figues!...

BADROULBOUDOUR. C'est ça... c'est ça... vous me trouviez drôle aussi, dans ce temps-là, et je vous faisais rire comme maintenant.

NAIDA. Tenez, vous êtes fou! vous m'ennuyez, vous me taquinez, vous m'impatientez; je vais me fâcher.

BADROULBOUDOUR, *avec joie.* Bien, bien!... allez!... Voilà ses petites mines... ses impatiences... Comme c'est ça! comme c'est ça!

NAIDA. Encore!

BADROULBOUDOUR. Et du grand visir, votre malheureux père... ne vous en souvenez-vous pas non plus... de cet homme sans langue... la langue, crac!.. (*Il indique qu'elle a été coupée.*) Ce souvenir ne parle-t-il pas à vos mémoires filiales?

* Scherazade, Badroulboudour, Dinarzade.

NAIDA. Tenez, je ne veux plus vous écouter... car vous m'irritez si fort, que je finirais par vous pincer.

Elle le pince très-fort.

BADROULBOUDOUR. Oh, aïe!... Le pinçon aussi! Rien qu'au pinçon je l'aurais reconnue!... C'est elle!... et elle ne veut pas être elle!... Mais c'est à perdre l'esprit... cette chose flatteuse que les bêtes nous envient!... C'est à s'arracher l'unique mèche de cheveux qu'on possède... Si mon maître était là, il les convaincrait peut-être... courons le chercher. (À Naïda.) Dinarzade ou Naïda, je m'éloigne pour quelques instants. Oh! je vous en supplie, Naïda... je vous en conjure, Dinarzade! Faites, ô Dinarzade! que je persuade Naïda... Faites, ô Naïda! que je retrouve Dinarzade!

Il sort. On entend au loin une musique de marche.

OLIFOUR, qui s'est levé vivement. C'est la fête!... Debout!... Le grand gouverneur Fich-Yanko doit y assister... D'après ses ordres, la vente aura lieu après les danses.

TEPSALIE, prenant la main de Naïda. La vente! ce mot seul m'épouvante.

NAIDA. Du courage, ma sœur!

SCÈNE X.

LE GOUVERNEUR FICH-YANKO, PÉKO, qui porte le parasol, TEPSALIE, NAIDA, OLIFOUR, ESCLAVES, GARDES, PEUPLE, MUSICIENS, DANSEURS.

Fich-Yanko sort de son palais. Le cortège arrive par le fond, et défile devant le Gouverneur, qui va s'asseoir, ensuite sur un riche fauteuil, à droite. On a apporté près de lui une petite table, sur laquelle est une tasse qu'un nègre emplit, et que Fich-Yanko vide souvent pendant la fête. On a placé une table pareille, de l'autre côté, à gauche, devant un grand du royaume.

CHOEUR.
Air nouveau de Pilati.

Ah! pour nous quel plaisir!
A se réjouir
Ici l'on s'apprête.
Quel beau jour! quelle fête!
La musique en tête,
Quelle fête!
Et quel plaisir!
OLIFOUR, à Tepsalie.
Tepsalie,
Si jolie,
Venez voir le gouverneur.
TEPSALIE, se laissant conduire.
Ah! je tremble!
Il me semble
Que je vais perdre ma sœur!
OLIFOUR, saluant le Gouverneur et lui présentant Tepsalie.
Dieu te garde!
Mais... regarde...
FICH-YANKO.
Voyons... Ciel!... Ah! sur ma foi,
Si c'est elle,
Quelle est belle!
Oui, c'est un morceau de roi.

Olifour reconduit Tepsalie à sa place.

* Scherazade, Dinarzade, Badroulboudour.

REPRISE DU CHOEUR.
Ah! pour nous quel plaisir! etc.

PÉKO. C'est un grand honneur d'être porte-parasol, mais c'est assommant!

FICH-YANKO. L'as-tu vu, Péko!... quelle taille! quel œil!... quels contours moelleux. (*Il se laisse tomber sur son coussin.*) Ouf!... j'en suis fou.

PÉKO. Il y en a une autre petite, là-bas, qui me plaît beaucoup!

FICH-YANKO. Oh! rien ne peut lui être comparé... Je me sens disposé à faire des folies pour cette femme-là. Et le tapis?

PÉKO. Je l'ai eu pour quelques coups de bambou adroitement distribués. Le voici.

FICH-YANKO. Très bien!... Tout me réussit... Je suis très-content... Que la fête commence!

BALLET.

FICH-YANKO, *après la fête.* C'est assez de danses comme ça. — L'heure de la vente des esclaves est venue. (*A Péko.*) Il me tarde d'acheter ce bijou.

UN GARDE. Silence, Chinois!... C'est l'heure de la vente.

OLIFOUR. Veuillez, gouverneur, examiner et choisir.

Musique. Le Gouverneur et plusieurs Chinois de distinction viennent examiner les esclaves. Peko suit Fich-Yanko en le couvrant de son parasol.

SCÈNE XI.

LES MÊMES, MULOUK, SCHARIAR, BADROULBOUDOUR, arrivant par le fond à gauche.

MULOUK. Tu le vois!... nous arrivons à temps.

SCHARIAR. Elles sont là toutes deux... Badroulboudour?

BADROULBOUDOUR. Maître...

SCHARIAR. Donne-moi la lampe.

BADROULBOUDOUR. Oh! une dernière fois, je vous en supplie, maître, n'écoutez pas ce vilain noir... Je m'en défie.

SCHARIAR. Mais pour posséder ces esclaves, il me faut de l'or... Donne, donne.

BADROULBOUDOUR. Adieu, pauvre lampe! (*Il la baise. A Schariar.*) Réfléchissez encore...

SCHARIAR. Allons, je le veux.

Il la lui prend.

MULOUK, *avec joie.* Enfin!

BADROULBOUDOUR. Ça me fend le cœur! Faites votre marché, je ne veux pas en être témoin.

Il va s'asseoir près de la petite table, à droite.

SCHARIAR, à Mulouk. Terminons.

MULOUK, *plaçant de l'or sur la table de gauche.* Dix mille sequins.

SCHARIAR. Aurai-je assez?

MULOUK. En voici encore dix mille. Es-tu satisfait?

SCHARIAR, *prenant les sacs d'or.* Oui, oui; la lampe est à toi.

Il la place sur la table et s'éloigne.

MÉLOCK, *contemplant la lampe avec ravissement.* O bonheur !

BADROULBOUDOUR, *avec désespoir.* Elle n'est plus à nous !... O Kérim ! protége-nous.

MÉLOCK. Enfin, je la tiens ! (*Il veut prendre la lampe, qui disparait, et reparait aussitôt sur la table de Badroulboudour. Avec fureur.*) Disparue !...

BADROULBOUDOUR. O prodige ! c'est elle !

Il s'en empare vivement et la cache.

MÉLOCK, *cherchant partout.* Kérim, est-ce encore un de tes coups ?

BADROULBOUDOUR. Oui, cherche, va... Elle est bien où elle est.

MÉLOCK, *apercevant Badroulboudour, qui rit sous cape.* Oh ! je suis leur dupe... mais, patience !... je me vengerai.

Tout le monde redescend la scène.

FINAL NOUVEAU de M. Pilati.

CHOEUR.
La vente commence,
Chacun peut choisir.
Allons, qu'on s'avance
Pour surenchérir.

OLIFOUR, *au Gouverneur.*
Faites votre choix, gouverneur,
A vous appartient cet honneur.

FICH-TANKO, *s'avançant près de Tepsalie.*
Eh bien... cette esclave me tente.

Tous les Chinois se retirent par discrétion devant le choix de Fich-Yanko.

TEPSALIE, *à part.*
O mon Dieu, mon Dieu, je frémis.

FICH-YANKO, *la contemplant.*
D'être à moi comme elle est contente !
(*A Olifour.*)
Deux cents sequins, voilà mon prix !

CHOEUR DE CHINOIS.
C'est très-bien ! c'est très-bien !
Et personne ne dit rien.

OLIFOUR.
Un tel prix, c'est pour rien.
Pour moi ça ne va pas bien.

SCHARIAR, *s'avançant.*
Moi, j'en offre trois cents !

BADROULBOUDOUR, *avec suffisance.*
Nous en offrons trois cents !

FICH-YANKO.
Hein ? qu'est-ce que j'entends ?
Après moi, cet homme
Ose offrir une somme !

OLIFOUR, *joyeux.*
C'est son droit. Chacun peut offrir
Ce qui lui fait plaisir.

FICH-YANKO.
Eh bien... cinq cents sequins !

SCHARIAR.
Six cents !

BADROULBOUDOUR.
Six cents.

FICH-YANKO, *à Pék.*
Mais quels sont ces faquins ?
Allons !... sept cents sequins !

SCHARIAR.
Mille !

BADROULBOUDOUR, *plus fort.*
Mille sequins !

LE CHOEUR.
Mille sequins !

FICH-YANKO.
Oh ! j'étouffe ! j'enrage !
Mais je ne puis enchérir davantage ;
Je ne mets rien de plus.

OLIFOUR, *faisant passer Tepsalie près de Schariar.*
Cette esclave est à vous.

SCHARIAR, TEPSALIE, BADROULBOUDOUR.
Heureux moments ! plus de chagrins pour nous !

LE CHOEUR.
Mais, en vérité, tant d'audace (*Bis.*)
Ne mériterait pas de grâce

MÉLOCK, *bas, au Gouverneur, lui montrant Schariar.*
Cet homme est étranger !
Avec son compagnon, et par sorcellerie,
Venus sur un tapis... Tous les deux sans patrie...
Fais-les saisir... tu pourras te venger !

FICH-YANKO, *à part.*
Il a raison.
(*Haut.*)
Gardes, qu'on les saisisse !
Qu'on arrête ces inconnus !
Dans cette ville ils sont venus
Par magie et pour maléfice.
Je confisque leur or, et d'eux je fais justice.

ENSEMBLE.

SCHARIAR et BADROULBOUDOUR.
Nous arrêter ! ô ciel !

TEPSALIE et NAÏDA.
Les arrêter ! ô ciel !

FICH-YANKO.
Dans mon palais
(*Montrant Tepsalie.*)
Que cette esclave soit menée.
Allez... obéissez !...

TEPSALIE et NAÏDA.
Nous séparer ! jamais !

On les sépare. On entraine Tepsalie chez le Gouverneur. Olifour emmène Naïda et ses esclaves. On s'empare de Schariar et de Badroulboudour.

FICH-YANKO.
Pour les punir de leurs méfaits,
A l'instant qu'on les mette en cage !

On apporte une énorme cage en bambous.

BADROULBOUDOUR, *parlant.* En cage ! nous !...
(*Reprenant le chant.*)
On nous prend pour des perroquets !
(*A Schariar.*)
Mais ne perdez pas courage !
Notre lampe nous reste.

Il la lui montre.

SCHARIAR.
O prodige ! ô bonheur !
Nous pouvons braver sa fureur !

On les fait entrer dans la cage.

BADROULBOUDOUR, *au Gouverneur, de la cage.*
Ah ! vieux satrape, vieux satyre !
Tous deux bientôt nous aurons fui.

SCHARIAR, *de même.*
A l'empereur nous allons dire
Comment tu gouvernes pour lui.

FICH-YANKO, *riant aux éclats.*
Ils vont aller à l'empereur !
J'en ris trop !... hi de gouverneur !

SCHARIAR *s'empare de la lampe qu'il frotte*

vivement. (*Parlant.*) Oui... eh bien... cherche !

Coup de tonnerre. La nuit arrive subitement. Schariar et Badroulboudour disparaissent de la cage.

FICH-YANKO. Mais je n'y vois goutte..... que signifie cette éclipse ?

PÉKO. Seigneur, ils ne sont plus dans la cage.

FICH-YANKO. Vous êtes des maladroits !... Vous les aurez mis à côté .. Que chacun s'arme de lanternes... qu'on les cherche dans tous les coins, dans tous les trous !...

PÉKO *et les* CHINOIS. Oui des lanternes !... des lanternes !...

CHOEUR.

Vengeance, vengeance !
Non, point de pardon.
Et pour cette offense
Bien vite en prison !

On court de tous côtés. Chacun revient muni de deux lanternes, une dans chaque main. On cherche partout.

FICH-YANKO. Qu'on me les amène morts ou vifs... cherchez-les partout. Eh bien ! enfin, où sont-ils ?

SCHARIAR *et* BADROULBOUDOUR, *paraissant au fond sous d'énormes lanternes qui les enlèvent.* Par ici... Nous voici !...

On les voit suspendus au milieu du théâtre. Ils disparaissent bientôt à tous les yeux.

FICH-YANKO. Ils m'échappent !... Heureusement j'ai ce tapis merveilleux... Péko, qu'on me l'apporte !...

PÉKO. Le voici.

FICH-YANKO. Je les poursuivrai jusque dans la lune ; car s'ils parviennent à voir l'empereur, ils me noirciront à ses yeux, et je serai perdu.

PÉKO, *apportant le tapis, qu'il déploie à terre.* Voici le tapis enchanté !

FICH-YANKO, *s'asseyant lourdement dessus.* Vite, vite !.... que je les rattrape..... : « Tapis, enlève-moi !... Enlève-moi, tapis ! » Eh bien ! il ne m'enlève pas du tout... je ne bouge pas !

PÉKO. Vous êtes peut-être un peu trop lourd.

FICH-YANKO. Ce tapis est encore une mystification de ces misérables !... O rage !... et voir tant de lanternes éclairer ma honte... Gardes, tirez sur ces sorciers !... Criblez-les de flèches !... qu'on les extermine !...

CHOEUR. *Air précédent.*

Vengeance ! vengeance !
Chinois !... en avant !
Une telle offense
Veut un châtiment !

Les Gardes lancent des flèches à Schariar et à Badroulboudour, qui viennent de disparaître dans les airs.— On forme des groupes, avec les lanternes, autour de Fich-Yanko, qui se roule, de fureur, sur le tapis.

SIXIÈME TABLEAU.

PERSONNAGES.	ACTEURS.
SCHARIAR	M. RACCOCRT.
BADROULBOUDOUR	M. GABRIEL.
FICH-YANKO	M. MOESSARD.
PÉKO	M. DUBOIS.
KÉRIM	M. LYONNET.
SCHÉRAZADE	Mlle V. KLOTZ.
DINARZADE	Mlle P. AMANT.

SCÈNE PREMIÈRE.

Une chambre chinoise.

NAIDA, PÉKO.

NAIDA, *à la porte d'entrée.* Je vous dis que c'est ma sœur, que j'ai le droit de la voir, et que je la verrai !

PÉKO, *lui barrant le passage.* Et moi, je réponds que c'est impossible, petite entêtée que vous êtes !

NAIDA, *le repoussant et entrant.* Oui, eh bien j'entrerai malgré vous.

PÉKO. C'est qu'elle le fait comme elle le dit... Eh bien, ce petit air mutin lui sied à ravir... J'adore les femmes mutines !.. et si j'avais des économies, Olifour ne la garderait pas longtemps.

NAIDA, *à part.* Que dit-il ?.. Mais s'il m'achetait .. lui qui habite ce palais, ce serait me réunir à ma sœur.

PÉKO. Malheureusement j'ai dépensé à la fête mon dernier sequin, et je n'ai plus rien.

NAIDA. Est-il bien vrai que vous seriez heureux de m'avoir pour esclave ?

PÉKO. Aussi vrai que la terre est ovale !.. aussi vrai que l'idole Pif-pif, mon patron, a deux ventres et dix bras !

NAIDA. Eh bien, alors, adressez-vous à vos parents, à vos amis... mettez-les à contribution... empruntez, trouvez de l'argent, et achetez-moi.

PÉKO. Au fait, elle a raison... Oui, oui, je veux t'acheter... toi à moi... moi à toi... tu seras ma Chinoise, je serai ton Chinois !... Voyons, à qui m'adresser ? mon oncle Gou, le marchand de porcelaines, c'est qu'il est bien avare, le vieux Gou !... ma tante Bedreddin-Iolo... ou mon cousin Yu-Kiao-Tsing-Tsing, le marchand de thés... c'est plutôt mon cousin Yu-Kiao-Tsing-Tsing qui me prêtera ça... c'est un garçon très-serviable que Yu-Kiao-Tsing-Tsing. J'espère, Naida, j'espère.

NAIDA. Si vous m'achetez, Péko... Tenez, vous êtes bien laid !

PÉKO. Vous trouvez ?..

NAIDA. Je le trouve... mais je tâcherai de l'oublier, je vous soignerai, je vous dorloterai.

PÉKO. Elle me dorlotera !..

NAIDA, *lui frappant légèrement le menton.* Oui, mon petit Péko... mon amour de Péko... (*A part.*) Il est affreux !

PÉKO. Naïda, ne me touche pas le menton, tu me rendrais fou... Quand on me touche le menton, je deviens fou! Et pour preuve... tiens... Je t'autorise à voir ta sœur, pendant que je vais aller faire mon emprunt.

NAIDA. C'est ça... allez vite, allez vite.

AIR : *La cloche nous appelle.* (*Le docteur de Saint-Brice, de Pilati.*)

ENSEMBLE.

PÉKO.
Oh! quel destin prospère!
Je l'obtiendrai, je crois.
Le vrai bonheur, ma chère,
C'est d'aimer un Chinois!

NAIDA.
Ainsi que vous, j'espère,
Tout ira bien, je crois.
Oui, le bonheur sur terre,
C'est d'aimer un Chinois!

Il sort par la gauche.

~~~~~~~~~~~~~~~~~~~~~~~~~~~~~~~~~~~~

SCÈNE II.

NAIDA, puis TEPSALIE.

NAIDA. Enfin ce magot me laisse seule. (*Appelant à la porte de droite.*) Tepsalie!.. Tepsalie!

TEPSALIE, *arrivant*. Naïda! ma sœur, toi, que je n'espérais plus revoir!

NAIDA. Olifour se rendait ici, pour toucher le prix de ta liberté, je l'ai tant supplié, qu'il a eu pitié de mes larmes et m'a permis de venir te dire un dernier adieu..

TEPSALIE. Un dernier adieu...

NAIDA. Hélas, ce soir nous quittons ce pays, nous retournons à Stamboul... Oh! mais maintenant que je t'ai revue, que je suis près de toi... il faudra qu'on m'arrache d'ici... d'abord... je ne te quitte plus!

TEPSALIE. Pauvre sœur! n'ont-ils pas pour eux la force et l'impunité?.. Ce gouverneur, c'est un parent de l'empereur.. c'est un homme méchant et redouté...

NAIDA. Je l'attendrirai.

TEPSALIE. N'y compte pas...

NAIDA. Eh bien, je lui dirai des injures... oui, c'est cela.. on m'arrêtera... on me condamnera à la prison .. de cette façon du moins Olifour ne pourra pas m'emmener loin de cette ville... et si je souffre, je souffrirai près de toi.

TEPSALIE. Naïda! le ciel nous abandonne... un seul protecteur nous restait.

NAIDA. Tu penses à cet étranger..,

TEPSALIE. Oui!.. Il y avait dans le son de sa voix tant de bonté, dans son regard tant de tendresse et de respect...

NAIDA. Que ton cœur en a été touché...

TEPSALIE. Je ne sais quel penchant m'entraîna vers lui . Avec quel courage il a osé braver la colère du gouverneur!.. comme il paraissait heureux de nous rendre à la liberté!... c'était notre seul ami...

NAIDA. Et cet affreux Fich-Yanko l'a fait mettre en cage avec son compagnon... cet autre garçon mystérieux qui me faisait la cour aussi...

TEPSALIE. Peut-être ont-ils déjà payé de la vie leur dévouement pour nous! et maintenant pas un être qui s'intéresse à notre sort... Ah! vois-tu, Naïda, s'ils t'emmènent captive, loin de moi... plutôt que de vivre ici, isolée, prisonnière... plutôt que de devenir la femme de ce gouverneur... je préfère cent fois la mort !

NAIDA. Partir sans toi .. je n'y pourrais survivre.

TEPSALIE. Écoute... hier, aux portes de la ville... dans la campagne, j'ai aperçu des kerzcreth...

NAIDA. Des kerzcreth!... ces vilaines fleurs dont le parfum empoisonné donne la mort ..

TEPSALIE. Oui !.. Dès qu'Olifour te laissera une heure de liberté, va cueillir deux bouquets de ces fleurs, cache-les à tous les regards... puis reviens sur la place. de cette fenêtre, je te verrai Si tout espoir d'être réunies est perdu.. si le malheur enfin doit être notre partage à toutes deux... je ferai descendre un ruban... à ce ruban, tu attacheras un des bouquets de kerzcreth... et de loin nous nous dirons un éternel adieu !..

NAIDA. Je te comprends ma sœur...

TEPSALIE. Tu feras ce que je te demande?

NAIDA. Je te le promets, si tout espoir est perdu...

TEPSALIE. Que veux-tu dire?..

NAIDA. J'espère encore .. Péko... ce jeune Chinois fort vilain .. le confident du gouverneur...

TEPSALIE. Eh bien ?..

NAIDA. Il m'aime .. il veut m'acheter... il est sorti pour se procurer l'argent nécessaire... comprends-tu .. je vivrais ici... dans ce palais... Ah! je l'entends... c'est lui...

~~~~~~~~~~~~~~~~~~~~~~~~~~~~~~~~~~~~

SCÈNE III.

LES MÊMES, PÉKO.

NAIDA, *allant vivement vers lui*. Eh bien?

PÉKO, *essoufflé*. Rien!.. hélas !.. pas une obole! Yu-Kiao-Tsing-Tsing est très mal dans ses affaires.. les thés ne vont pas. Ma tante Bedreddin-Loto n'a pas voulu me recevoir, et mon oncle Gou m'a mis à la porte; et ce qui me désole, c'est qu'il faut que j'agisse à votre égard comme mon oncle Gou a agi envers son neveu.

NAIDA. Comment ?

PÉKO. Olifour est en bas, il vous réclame... ce soir il quitte la ville. Puis mon sublime maître se dirige vers ce pavillon, et quoiqu'il marche comme une tortue indisposée... il faut me suivre au plus vite... Pour l'éviter, passons par la chambre des femmes; venez!

TEPSALIE. Tu le vois, Naïda.

NAIDA, *d'un ton résolu*. Avant une heure, je serai sous ta fenêtre.

TEPSALIE, *bas, à sa sœur.* Avec les kerzcreth?

NAIDA. Avec deux bouquets... l'un pour toi... l'autre pour moi... Adieu!..

Elles s'embrassent.

PÉKO, entraînant Naïda. Vite, vite! je crois entendre les pas massifs du grand Fich-Yanko.

Il sort avec Naïda.

SCÈNE IV.

TEPSALIE, LE GOUVERNEUR.

Tepsalie semble accablée. Le Mandarin entre.

FICH-YANKO. Enfin, les affaires de l'État sont bâclées pour aujourd'hui.. A présent, je suis tout au bonheur, tout à l'amour... Où est-elle?.. Ah! la voilà! quelle jolie taille !.. quel œil humide et langoureux! Il y a longtemps que je n'avais acheté un œil humide... j'adore ces yeux-là Profitons de sa rêverie pour lui décrocher un baiser!

Il s'approche. Au moment où il va baiser l'épaule de Tepsalie, celle-ci recule vivement.

TEPSALIE. Que voulez-vous?

FICH-YANKO. Là, là... Calme-toi; c'est moi... ton maître... Fich-Yanko. Je voulais te causer une sensation agréable; mais je t'ai fait peur... je suis un gros maladroit, et je vais réparer... (*Il veut l'embrasser de nouveau. Tepsalie le repousse avec dignité.*) Hein?.. ah! bon! je devine... c'est ma dignité qui t'impose... Un gouverneur de première classe, et aussi lettré que moi... ça interloque, n'est-ce pas? Rassure-toi, rassure-toi, mon ange; il n'y a plus ici ni esclave ni maître... Appelle-moi ton petit Fich-Yanko... Deviens le gouverneur... moi, je veux être ton petit esclave... tiens, voilà ce que je fais de ma grandeur.

Il tombe lourdement à genoux.

TEPSALIE, *s'éloignant de lui.* Seigneur, c'est la première fois qu'on se met ainsi à mes genoux.

FICH-YANKO, *émerveillé.* La première fois! quoi! tu n'as jamais vu un être de mon sexe à tes genoux!... Mais tu doubles de prix à mes yeux. (*A part.*) Je voudrais bien me relever. (*Haut.*) Tepsalie, approche, ma belle; donne-moi ta jolie main, ton joli bras, que je les couvre de baisers. (*A part.*) Elle ne m'aidera pas... et Péko qui n'est pas là! (*Haut.*) Tu vois un homme tellement amoureux, tellement transporté... que je suis capable de rester à tes pieds jusqu'à demain, si tu ne me commandes de me relever!... Mieux que cela... si tu ne me relèves toi-même.

Il fait de vains efforts.

TEPSALIE, *à part.* Il me fait peine. (*Haut.*) Tenez... prenez mon bras.

FICH-YANKO, *se relevant et retenant le bras de Tepsalie.* Ah! je te tiens! Tu as cru peut-être que je ne pourrais pas me relever... C'était une feinte pour t'attirer vers moi. Et maintenant je veux t'embrasser... te dévorer... je veux...

Il cherche à l'embrasser; Tepsalie le repousse durement.

TEPSALIE. Et moi je veux que vous me laissiez en repos.

FICH-YANKO, *qui a failli tomber; s'efforçant de rire.* Hé, hé, hé, hé.... malicieuse. (*A part.*) Elle est très-forte!...

TEPSALIE. Comme esclave, je vous dois obéissance...

FICH-YANKO. Laisse là ce vilain mot d'obéissance.

TEPSALIE. Mais vous n'avez pas acheté mon cœur.

FICH-YANKO. C'est vrai: parce que je veux que tu me le donnes pour rien.... Oui! j'ai cette fatuité.... Je ne veux te contraindre en rien.... Et c'est pour cela que j'ai choisi ta chambre, ici.... dans le pavillon des Songes.

TEPSALIE. Le pavillon des Songes!

FICH-YANKO. Ainsi nommé parce qu'il est construit d'un bois si précieux, et qui exhale une odeur si merveilleuse, que, malgré soi, à certaine heure de la nuit... on se sent maîtrisé par une délicieuse envie de dormir. (*Il bâille.*) Tiens, tiens!... l'heure approche... Je ressens déjà l'influence somnifère dont je te parle... Je reviendrai dès que tu reposeras, mon ange.

TEPSALIE, *avec frayeur.* Si ce que vous dites là est vrai... je ne veux pas rester dans cette chambre... Je n'y resterai pas!

Elle veut fuir; Fich-Yanko lève le doigt de la main gauche. On entend à chaque porte un verrou qui se tire.

FICH-YANKO. Toutes mes précautions sont prises... Verrou, ferme-toi! (*A Tepsalie.*) Tu le vois, ma belle, impossible de fuir.

TEPSALIE, *à part.* C'est affreux!..... Ah! Naïda doit être là. (*Allant à la fenêtre.*) Je la vois!

FICH-YANKO. Qu'est-ce que tu vois?

TEPSALIE. Rien!... rien... je me résigne.

Elle devient rêveuse.

FICH-YANKO, *à part.* C'est une taquinerie de femme... elle veut me taquiner. (*Haut.*) Au revoir, mon étoile, mon soleil, mon firmament!

AIR: *Cl... ... e le pag..de.*

Je veux t'adorer ... esse;
Pour toi, quel insigne honneur,
De posséder la tendresse
D'un illustre gouverneur!

REPRISE ENSEMBLE.

FICH-YANKO.

Je veux t'aimer sans cesse, etc.

TEPSALIE, *à part.*

Ah! me faudra-t-il sans cesse,
Condamnée à la douleur,
Lutter contre la tendresse
De cet affreux gouverneur?

FICH-YANKO. Verrou, ouvre-toi. (*En dehors.*) Verrou, ferme-toi!...

Il sort.

SCÈNE V.

TEPSALIE, seule.

Moi!... appartenir à cet homme... Il va reveair, et le sommeil, qui s'empare déjà de mes sens, me livre... à lui, sans défense... Toute résistance serait vaine... Mais je puis lui échapper encore... Naïda est là... avec ces bouquets qui doivent nous donner la liberté à toutes deux. Pauvre sœur ! c'est pour moi qu'elle se sacrifie.

Elle prend un long ruban qu'elle fait descendre par la fenêtre.

Air de *Constantius* (Kreit).

Oui, la voilà... courageuse et fidèle.
Hé ! quoi ! je tremble, à l'aspect de ces fleurs...
Mourir, hélas !... quand on est jeune et belle !...

Avec résolution.

Mieux vaut mourir que vivre dans les pleurs.

Elle retire le bouquet de kerzereth que Naïda a attaché à son ruban.

Allons !

Elle s'arrête tout à coup, comme inspirée par une pensée religieuse, elle s'agenouille.

O toi ! mon Dieu !... toi que je prie,
Vois nos douleurs !... pitié sur nous, mon Dieu !
Auprès de toi fais-nous une patrie !
Reçois notre âme... Et toi, ma sœur... adieu !

La musique continue l'air. Tepsalie va écouter à la porte de droite.

C'est lui ; il arrive. Fleurs de kerzereth, sauvez-moi !

Elle presse le bouquet sur ses lèvres, et entre vivement dans l'alcôve, dont les rideaux se referment.

~~~~~~~~~~~~~~~~~~~~~~~~~~~~~~~~~~~~

SCÈNE VI.

FICH-YANKO, TEPSALIE, *dans l'alcôve*; *puis* SCHARIAR *et* BADROULBOUDOUR.

FICH-YANKO entre avec précaution. Il porte un costume comique.

Air: de *Fra Diavolo*.

Ah ! pour moi bien douce conquête !
Fut-il un Chinois plus heureux !
Je crois que j'en perdrai la tête,
Devant moi vont s'ouvrir les cieux.

Indiquant l'alcôve.

Elle est là... sans efforts, le sommeil me la livre.
Approchons doucement !... Ah ! le bonheur m'enivre..
Oui, de ravissement mon cœur bondit déjà...
Écartons ces rideaux... regardons.

Badroulboudour et Schariar, sortant de terre, et apparaissant tout à coup devant les draperies de l'alcôve.

Halte-là !

Tremolo.

FICH-YANKO, *reculant effrayé.* Encore ces étrangers maudits !... (*Criant.*) A moi ! Péko !... à moi, mes gardes !... au secours !...

~~~~~~~~~~~~~~~~~~~~~~~~~~~~~~~~~~~~

SCÈNE VII.

Les mêmes, PÉKO, trois Officiers supérieurs, Gardes, Esclaves.

FICH-YANKO. Accourez, mes amis... on veut assassiner votre gouverneur. (*A Schariar.*) Et maintenant que je vous tiens... et que je suis en force... répondez, misérables... par quel sortilége êtes-vous arrivés jusqu'ici ? D'où venez-vous ? que voulez-vous ?

BADROULBOUDOUR. D'où nous venons ?... de Pékin.

FICH-YANKO. De Pékin ?

SCHARIAR. Ce que nous voulons ? que tu lises cet ordre de l'empereur ton maître.

Il lui présente un parchemin.

FICH-YANKO. De l'empereur ! (*Aux Gardes.*) Voilà qui est fort ! voilà ce que je ne croirai qu'après avoir vu le cachet de mon sublime maître, la lumière de la Chine.

SCHARIAR, *montrant de nouveau le parchemin.* Regarde donc.

FICH-YANKO. C'est... c'est lui ! c'est bien lui !... c'est son cachet impérial !

Il salue à trois reprises à la chinoise : tout le monde l'imite.

SCHARIAR. Prends ce parchemin, et lis à haute voix.

FICH-YANKO, *prenant le parchemin, à part, à Péko.* Ciel !... du cachet vert ! ça ne présage rien de bon.

PÉKO. Une disgrâce, peut-être... je tremble.

FICH-YANKO, *lisant.* « Dieu seul est grand ! Le » gouverneur Fich-Yanko, notre parent bien ai» mé... » (*A Péko.*) Bien aimé... je respire. (*Lisant.*) » Ayant abusé de ses pouvoirs et lassé notre pa» tience impériale... » (*S'interrompant.*) J'ai une sueur froide.

PÉKO. La mienne est chaude.

FICH-YANKO, *poursuivant.* « Impériale... devra, » au reçu de cet ordre, mettre en liberté toutes » ses femmes. » (*Parlant.*) Oh ! si ce n'est que cela ! (*Lisant.*) « Après quoi..

Il s'arrête avec effroi.

PÉKO. Il y a un après quoi ?

FICH-YANKO. « Après quoi, rassemblant ses » parents dans un grand festin, il fera justice de » ses méfaits à la fin du repas, et selon l'usage » des grands de notre empire. »

PÉKO. Mais, en pareil cas, cet usage cochinchinois veut qu'on s'ouvre le ventre !

FICH-YANKO, *continuant d'une voix éteinte.* « Les serviteurs de sa maison devront suivre cet » exemple. »

PÉKO. Ciel !... moi aussi !... mais je n'y survivrai pas !

FICH-YANKO, *lisant.* « Fait en notre palais de porcelaine, » et cætera.

PÉKO. Dans son palais de porcelaine !... Fragilité des grandeurs humaines !

Les Officiers et les Gardes viennent s'incliner devant le Gouverneur.

FICH-YANKO, *tâchant de se remettre.* C'est bien !... c'est bien !... l'empereur sera content. Je vais rendre la liberté à toutes mes épouses ; quant à cette jeune Grecque qui est là...

SCHARIAR. Elle est là !

Il indique l'alcôve.

FICH-YANKO, *à un Garde.* Qu'elle soit libre aussi.

(*Le Garde s'incline et se dirige vers l'alcôve près de laquelle il va se placer.*) Venez, messieurs, je vais résigner mes pouvoirs dans vos mains..... Soutiens-moi, Péko.

PÉKO. Hélas! soutenons-nous mutuellement.

Ils sortent tous, excepté le Garde, qui est resté au fond.

SCHARIAR. Et maintenant m'accordera-t-elle mon pardon? (*Au Garde*) Tu as entendu, ton maître a dit qu'elle soit libre.

Le Garde ouvre les rideaux de l'alcôve. On voit Topsalie étendue sur le lit; elle tient le bouquet de kerezeth pressé sur sa poitrine.

BADROULBOUDOUR. Quelle pâleur!

SCHARIAR, *allant lui prendre la main*. Tepsalie!... froide!... morte!

LE GARDE, *lui montrant le bouquet*. Vois ce bouquet qu'elle tient sur son cœur... ces fleurs donnent la mort.

SCHARIAR. Oh! c'est impossible!

BADROULBOUDOUR. Et Naida?

LE GARDE. Au bas de cette fenêtre on vient de trouver une jeune fille pressant sur ses lèvres un bouquet semblable à celui-ci.

BADROULBOUDOUR. Mortes toutes deux!

LE GARDE. Vous êtes arrivés trop tard.

SCHARIAR, *avec désespoir*. Trop tard!... que devenir! plus d'espoir! âmes de Scherazade et de Dinarzade, où vous retrouver maintenant?

Les habits du Garde disparaissent et laissent voir Kérim.

KÉRIM. Je vais te le dire.

BADROULBOUDOUR et SCHARIAR. Kérim!

KÉRIM. Qui a pitié de vous. (*A Schariar.*) Écoute. En attendant une demeure nouvelle, les âmes s'en vont errer sur la terre natale, jusqu'à ce que Brahma ait décidé de leur sort futur.

SCHARIAR. Eh bien...

KÉRIM. Aux portes de ta capitale, Schariar, il est un cimetière.

SCHARIAR, *frémissant tout à coup*. Un cimetière!...

KÉRIM. Oseras-tu t'y rendre?

BADROULBOUDOUR, *bas, à Schariar*. Oh! non! dites que non! c'est là que toutes vos malheureuses femmes...

SCHARIAR. Quoi qu'il puisse m'arriver, j'en aurai le courage!

KÉRIM. Ta lampe peut t'y conduire. Adieu!

Kérim disparaît et s'abîme dans la muraille.

SCHARIAR, *frottant vivement sa lampe*. Au cimetière donc, ma lampe!

Badroulboudour et Schariar semblent glisser sur le sol et disparaissent. Le décor change et représente un cimetière indien.

SEPTIÈME TABLEAU.

PERSONNAGES.	ACTEURS.
SCHARIAR	M. RACOURT.
BADROULBOUDOUR	M. GABRIEL.
MULOUK	M. VERNE.
LE GÉNIE ISMAEL	Mlle ASPREL.

SCÈNE PREMIÈRE.

LE CIMETIÈRE INDIEN.

Çà et là des tombes, des cyprès. A gauche, un grand mausolée indien. — C'est dans ce mausolée qu'on dépose les femmes des sultans. Un clair de lune éclaire le cimetière.

MULOUK, *seul, il est couché sur une tombe.*

Esraïl! ange de la mort!... je t'ai promis deux victimes en échange du service que tu viens de me rendre; tu les auras! Tu m'as transporté sur tes ailes de feu ici, dans ce cimetière où Schariar doit venir... merci, Esraïl! Oh! cette fois j'aurai ce talisman sans lequel mon ambition ne peut être satisfaite! à tout prix je l'aurai. Alors d'un bout du monde à l'autre on connaîtra la puissance de l'enchanteur Mulouk! (*On entend sonner trois heures. Avec joie.*) Le nombre trois!... si mes prévisions ne m'ont pas trompé, Schariar doit être aux portes de ce lieu de mort. (*Il va écouter au fond.*) Oui... c'est lui, il s'approche! pour le recevoir dignement allons rassembler les ombres errantes de ses femmes.

Il va arracher une branche de cyprès et sortir la droite en agitant la branche au-dessus de sa tête.

SCÈNE II.

SCHARIAR, *puis* MULOUK *et les* OMBRES.

SCHARIAR *arrive par le fond, à droite, se frayant un chemin à travers les tombes.* Malgré moi je me sens frémir! un frisson mortel vient glacer tous mes sens! à chaque pas il me semble, à travers les cyprès du cimetière, voir glisser des ombres de femmes! Eh bien, ne devais-je pas m'y attendre?... Allons, Schariar, surmonte ces lâches terreurs! (*Il fait quelques pas, se trouve devant le mausolée royal, et recule à cette vue. La musique termine par un forté.*) Qu'ai-je vu?... ce mausolée! (*Avec terreur.*) C'est là que sont toutes mes victimes!... c'est là qu'elle doit être aussi, elle... c'est autour de ce sépulcre que doit errer son âme. (*Il recule épouvanté.*) Oh! si cette porte allait s'ouvrir! si ces fantômes, quittant leur tombeau, se dressaient devant moi! je tremble... le courage me manque... non! non! je ne puis rester ici plus longtemps! (*Musique. Il veut s'éloigner par la gauche, mais il est arrêté par des ombres qui apparaissent tout à coup en étendant leurs bras vers lui d'un air menaçant.*)

Schariar recule dans la plus grand agitation.) Ce sont-elles!... fuyons! fuyons! (*Il veut s'échapper par le fond, d'autres ombres l'en empêchent.*) Ombres de mes victimes!.. grâce! pitié!... (*Les ombres font un geste négatif.*) Eh bien, que mon sort s'accomplisse donc! femmes du sultan Schariar, vengez-vous! Ismaël est juste! Je livre à vous, saisissez votre proie.. étreignez-moi de vos bras glacés par la mort, et que la terre s'entr'ouvre pour me recevoir! mais avant dites-moi oh, par pitié! dites-moi si Scherazade est parmi vous?... Scherazade! réponds-moi, Scherazade!... (*Une ombre s'approche de Schariar et lui montre du doigt la porte du tombeau royal qui s'ouvre lentement. L'ombre de Scherazade paraît alors sur le seuil du sépulcre. Schariar tombe à genoux.*) C'est elle!... Ombre chère et sainte, qu'exiges-tu de moi en échange d'un seul mot de pardon? *L'ombre lui fait signe de la suivre dans l'intérieur du tombeau.*) Te suivre! (*Il se lève.*) Là, dans ce mausolée?... oh! est-ce le seul moyen d'apaiser ta colère? (*Scherazade fait un signe affirmatif; les autres ombres lui indiquent la porte du monument, et marchent vers lui comme pour le contraindre d'avancer. Scharias leur cède la place en se dirigeant pas à pas vers le tombeau.*) Eh bien, puisque Scherazade est parmi vous, j'obéis... j'obéis! j'entrerai dans ce tombeau, la porte dût-elle se refermer derrière moi pour toujours! A toi ma vie, Scherazade, mais pitié pour mon âme!

Il entre dans le tombeau. Coup de tam-tam.

MULOCK, *se montrant tout à coup.* Il est perdu! Bientôt, je vous le jure, bientôt vous serez vengées! (*Les ombres se dispersent. On aperçoit au loin Badroulboulour qui tient à la main sa lampe allumée, et qui avance avec crainte.*) Et moi, débarrassé enfin de ceux qui pouvaient seuls me disputer la lampe, je triompherai de Kérim. (*Regardant au fond.*) Je ne me trompe pas... c'est le favori de Schariar.

Il se retire à l'écart.

SCÈNE III.

BADROULBOULOUR, MULOCK *caché.*

BADROULBOULOUR, *arrive en tremblant.*
Air : *De la Folle.*

Tra la, la, la... tra la, la, la...
Pour chasser ma peur,
Oui, chantons... tra la, la, la...
Ça donne du cœur.
Maître, réponds-moi !...
La caverne est toute,
Le cri de la chouette
Vient doubler mon effroi.
(*Reculant effrayé.*)
Qui va là ?... Qui va là ?...
Ce n'est rien, je succombe...
Ah !... je me crois déjà,
Les deux pieds dans la tombe!
Au secours !... au secours !... je ne puis avancer!
(*Reculant de l'autre côté.*)

Là-bas, ne vois-je pas quelque chose glisser ?...
O ciel ! de tous côtés, des fantômes sans nombre...
Je n'ose faire un pas... car j'ai peur de mon ombre!
C'en est fait!... oui, j'expire! Ah! l'horrible douleur!
Quand on meurt... et surtout quand on meurt de frayeur!

Il tombe à terre. On entend chanter au loin le chœur des Ombres. On entend un roulement de tonnerre. Mulock paraît.

Oh, oh, oh ! pour le coup ça remue sous mes pieds! c'est mon engloutissement qui se prépare ! Ah, ma foi ! si je ne retrouve pas mon maître, je frotte la lampe et je me sauve en Cochin... en Cochinchine. Appelons-le une dernière fois. (*Il appelle.*) Seigneur Schariar !... maître... où êtes-vous ?

MULOCK, *à demi caché et à voix basse.* Ici.

BADROULBOULOUR. Ah, enfin! c'est lui... ici, dites-vous? où ça?

MULOCK. De ce côté.

BADROULBOULOUR, *se dirigeant vers Mulouk.* Je suis sauvé!

MULOCK, *soufflant la lampe et s'en emparant vivement.* Pas encore!

BADROULBOULOUR. Ciel! un vampire... je suis mort!

MULOCK. Tu veux retrouver ton maître? viens donc!

Il saisit Badroulboulour et l'entraîne du côté du mausolée.

BADROULBOULOUR. Vampire, ayez pitié! je suis très-maigre, grâce!

MULOCK. Allons! (*Il le pousse dans le tombeau, dont la porte se referme avec fracas.*) Et maintenant, pour qu'il ne vous soit plus possible de me disputer ce talisman, périssez tous deux dans le mausolée! Esraïl, ange de la mort, voici tes deux victimes!... nous sommes quittes. Pour eux cette porte de bronze ne doit plus se rouvrir! Partons! j'emporte avec moi et la puissance et le bonheur!

Ismaël, le génie blanc, paraît tout à coup dans les airs.

ISMAËL. Arrête, Mulouk... la fuite est impossible! tu ne sortiras plus de ces lieux.

MULOCK. Qui m'en empêchera?

ISMAËL. Les eaux du fleuve qui vont envahir ce cimetière.

MULOCK. Oh! Ismaël, pitié! je reconnais la justice de Brahma... je me prosterne devant sa puissance!

ISMAËL. Il est trop tard!

MULOCK. Trop tard!... ah! (*Il tombe et s'abîme sous terre. Ismaël se tournant vers le mausolée.*)

ISMAËL. Et vous qui alliez périr! vous avez laissé tomber les larmes du repentir... j'ai recueilli ces larmes précieuses, je les ai portées au ciel... espérez encore!

Ismaël s'envole. Le mausolée s'écroule et se transforme en une barque, dans laquelle on aperçoit Schariar et Badroulboulour. L'eau a envahi tout le cimetière. Deux flammes paraissent alors dans les airs, s'éloignant lentement, et la barque suit la route de ces deux météores.

HUITIÈME TABLEAU.

PERSONNAGES.	ACTEURS.
SCHARIAR	M. RANCOURT.
BADBOULBOUDOUR	M. GISELLE.
LA MARGUERITE	Mme P. AMANT.
LA ROSE	Mlle KLOTZ.
LA VIOLETTE	Mlle LABE.
LE SOUCI	Mme THIBAULT.
LE COQUELICOT	Mlle DES URSINS.
LA ROSE DES BUISSONS	Mme SAINT-FELIX.
LA SENSITIVE	Mme NATAL.
LA CLÉMATITE	Mlle CAROLINE.
LE PERROQUET	M. BATEL.
ISMAEL	Mme ADRIEN.
LE PAPILLON	M. MOESSARD.

DANSE : Mlles CAMILLE, ADÈLE PHILLIPS, ÉLISA NIXE, HÉLOÏSE, CLÉMENT, etc., etc.

LE ROYAUME DES FLEURS.

Un site charmant. Partout des fleurs, en buissons ou en bosquets. A droite, un buisson de roses. A gauche, une touffe de marguerites. Une petite rivière coule et serpente au milieu des gazons et des fleurs.

SCÈNE PREMIÈRE.

LE PERROQUET.

Un gros perroquet vert arrive. Il examine tous les buissons, puis, se met à crier dans son baragouin :

LE PERROQUET. Trrrrrrès-bien !... trrrrrrès-bien !... moi, garder... moi... bon gardien...
Il s'éloigne.

SCÈNE II.

LE GÉNIE ISMAEL, puis TOUTES LES FLEURS.

ISMAEL, *regardant sortir le perroquet.* Je ne m'étais pas trompé... c'est ce vilain oiseau bavard qui garde cette île. - Pauvres fleurs! elles dorment encore. (*Regardant alternativement le buisson de roses, et le buisson de marguerites.*) Schérazade !.. Dinarzade !... âmes pures et aimantes... Encore une station nouvelle!... Rose! Marguerite!.. ce sont vos noms aujourd'hui. Avant de reprendre sa route vers le but que vous devez atteindre... reposez-vous parmi ces fleurs. Mais c'est l'heure à laquelle Brahma leur permet de revêtir, pour quelques instants, une forme humaine, et en touchant de ma baguette cette clochette bleue...

Du bout de sa baguette, il frappe, à trois reprises, une grosse clochette bleue qui rend trois sons distincts. Les fleurs s'ouvrent aussitôt, et des têtes de femmes apparaissent au milieu de chaque fleur.

CHOEUR DES FLEURS.

Air :
   Quel moment enchanteur !
   En relevant femme,
   On retrouve son âme,
   On sent battre son cœur !
  LA MARGUERITE DES ISMAEL.
   Dieu! un bouquet,
  En Marguerite, on est si peu de chose !
  LA ROSE (SCHÉRAZADE).
   Hélas! en rose,
  On n'est rien que d'un bouquet.

REPRISE.

   Quel moment enchanteur !
   Etc., etc., etc.

Pendant la reprise du chœur, quelques fleurs se sont personnifiées et sont venues à la rencontre du Génie Ismaël.

LA VIOLETTE. Tiens !... c'est notre bon petit génie Ismaël !

ISMAEL. Bonjour, Violette modeste. Comment, gentille fleur, c'est toi que j'aperçois la première? Tu ne caches donc pas ce matin ?

LA VIOLETTE. Tu vas encore te moquer de moi ?

ISMAEL. Quand on est aussi jolie... pourquoi fuir tous les regards ?

LA VIOLETTE. Pourquoi ? pour être mieux appréciée, et pour ne pas tomber sous la main du premier venu.

ISMAEL. Coquette!

LA VIOLETTE. Si je ne frappe pas les yeux du vulgaire... l'amant timide qui rêve à ses amours sait me découvrir... et cela suffit à mon ambition.

LA SENSITIVE. Voyez-vous la petite dissimulée !... elle se laisse cueillir par les amoureux.

LA VIOLETTE. Écoute donc, belle Sensitive, toutes les fleurs n'ont pas comme toi la faculté de fuir la main qui les approche.

LA CLÉMATITE. Fuir ce qu'on aime, le beau mérite !

ISMAEL. Ce n'est pas ainsi que tu te rendais, toi, tendre Clématite.

LA CLÉMATITE. Il est si doux de s'attacher à celui qui vous fait battre le cœur!

LA VIOLETTE, *à la Sensitive.* S'attacher, très-bien !... mais grimper sans cesse après lui, l'envelopper, aux yeux de tous... c'est agir d'une façon un peu décolletée.

ISMAEL, *amoureusement à la Clématite.* Et... qui enlaces-tu, en ce moment, de tes flexibles rameaux ?

LA CLÉMATITE, *s'éloignant tristement.* Hélas !...

ISMAEL. Par Brahma !... elle pleure.

LA VIOLETTE, *le tirant à part.* Tu ne sais donc pas... elle a perdu son beau Peuplier.

ISMAEL. Bah! elle a perdu son peuplier?

LA SENSITIVE. Et depuis ce moment, on ne rencontre plus la pauvre Clématite que parmi les soucis dont elle fait son unique société.

UN SOUCI. Qui est-ce qui parle du Souci ? (*Toutes les fleurs s'éloignent de lui.*) Oh! mon Dieu, vous voilà comme toujours... vous vous éloignez à mon approche.

LA VIOLETTE. C'est qu'on ne se soucie pas de toi, mon cher.

LA SENSITIVE. Tu es peu divertissant.

LA VIOLETTE. Et puis ta couleur n'est pas heureuse.

LE SOUCI. Déchirez-moi bien, allez... Tôt ou tard, le Souci saura vous atteindre.

LA SENSITIVE. Tiens, tu n'es qu'une fleur de mauvais augure!

LA VIOLETTE. Ne l'irritons pas davantage.

LE SOUCI. Candide Violette qui me repousses... si un jour ton petit Coquelicot t'abandonnait...

Elle indique un coquelicot qui, resté au fond jusqu'à ce moment, vient de s'approcher de la violette qu'il semble courtiser.

LA VIOLETTE, troublée. Par exemple!...

LA SENSITIVE, à la Violette. Comment, ma chère, tu donnes dans les coquelicots?

LE COQUELICOT, à la Sensitive. Eh bien, pourquoi pas... parce que je suis un enfant des champs?... Voyez-vous, madame la prude!...
(A la Violette.) Ma bonne petite Violette, fais comme moi: avoue franchement ton amour, et méprise leur raillerie... Pour moi, je m'en moque comme de la pluie et du vent!

LA SENSITIVE. Oh! chacun sait que vous ne pouvez plus rougir.

ISMAEL. Allons!... allons!... vivez en paix. Tenez, prenez exemple sur vos deux nouvelles compagnes.

On voit la Rose et la Marguerite se promener au fond.

LE SOUCI, aux autres fleurs. Ah oui, cette Rose qui vient on ne sait d'où, et cette petite Marguerite d'origine chinoise.

LA VIOLETTE. Oh! ce sont des amies inséparables.

ISMAEL, à la Rose et à la Marguerite. Approchez donc, fleurs charmantes... vous manquiez au bouquet. Rose fraîche et jolie. (Il veut l'embrasser.) Diable, ça pique.

Il retire vivement la main qui enlaçait la taille.

LA ROSE. Tant pis pour le téméraire qui s'expose!

ISMAEL. Oui, mais piquer un ami... c'est mal! Je suis sûr que ma petite Marguerite ne sera pas aussi cruelle... Elle comprend les amours, elle!

LA MARGUERITE. Ne suis-je pas la confidente de tous ceux qui aiment et soupirent?... Ces pauvres amants ne viennent-ils pas chaque jour me consulter, en effeuillant mes pétales l'une après l'autre, pour savoir si on les aime?...

LA ROSE. Un peu?

ISMAEL. Beaucoup?

LA MARGUERITE. Ou pas du tout.

ISMAEL. J'ai bien envie d'essayer, pour moi, avec une fleur de ta couronne?

LA MARGUERITE. Écoute plutôt nos plaintes, puisque tu te dis notre génie protecteur.

ISMAEL, riant. Oh! quel air sérieux!

LA ROSE. Oui, Ismaël... nous avons des plaintes à former contre des papillons qui voltigent sans cesse autour de nous.

LA MARGUERITE. Et qui se permettent des libertés...

LA VIOLETTE. De la dernière inconvenance!

LA ROSE. Aussi, nous sommes toutes bien décidées à leur déclarer la guerre.

TOUTES. Oui, guerre aux papillons!

ISMAEL. Mes chères petites fleurs, calmez-vous, de grâce. Ils sont téméraires, légers, infidèles... c'est vrai; mais c'est leur droit... c'est dans leur nature. Et s'ils vous tourmentent, c'est que vous êtes jolies. Laissons cela, j'ai à vous annoncer une nouvelle.

TOUTES. Qu'y a-t-il? parlez.

ISMAEL. Deux étrangers doivent arriver dans l'île aujourd'hui.

TOUTES. Deux étrangers!

LA ROSE. Sont-ils jeunes?

LA VIOLETTE. Sont-ils gentils?

ISMAEL. Ils viennent ici par ordre de Brahma; dès qu'ils mettront le pied dans ce royaume, que chacune de vous rentre aussitôt dans son enveloppe. Tout rapport avec un être humain vous est interdit, ne l'oubliez pas! Au reste, le gros perroquet vert, votre gardien, viendra vous avertir. Adieu, jolies fleurs... adieu, Ismaël veille sur vous.

Musique. Ismaël s'éloigne. Les fleurs se dispersent de différents côtés en reprenant le chœur du commencement de la scène.

SCÈNE III.

LA ROSE, LA MARGUERITE.

LA ROSE. Toutes nos sœurs s'en vont parcourir cette île heureuse... ne les suivons-nous pas, ma chère Marguerite?

LA MARGUERITE. Non, restons ici.

LA ROSE. Mais qu'as-tu donc?... tu sembles triste.

LA MARGUERITE. Oui, c'est une faiblesse sans doute..., mais je ne sais... un secret pressentiment... je tremble!

LA ROSE. Pour qui?

LA MARGUERITE. Pour toi; hier, ta tête était penchée sur ta tige.

LA ROSE. La journée avait été si brûlante!

LA MARGUERITE. Une feuille s'en est détachée.

LA ROSE. Cela ne nous arrive-t-il pas tous les jours?

LA MARGUERITE. Oui, mais un vilain oiseau noir a pris cette feuille dans son bec, et s'est envolé en l'emportant.

LA ROSE. Eh bien?

LA MARGUERITE. Eh bien... la même chose est arrivée la veille du jour où cette jolie pervenche est morte.

LA ROSE. Mais quelles tristes idées as-tu donc aujourd'hui? Que nous manque-t-il ici? Ne sommes-nous pas heureuses?

LA MARGUERITE. Tu as raison... j'ai tort de m'alarmer.

Air de Strauss.
Des fleurs riant asile,
Tranquille
Séjour,
Ici l'air qu'on respire
Inspire
L'amour.

LA ROSE.
Royaume sans orage,
Rivage
Si doux!
Chacun de te connaître
Doit être
Jaloux.

Un rayon de soleil
Préside à notre réveil.
Il nous anime,
Il nous ranime !
LA MARGUERITE.
Et dans ces lieux divins
Jamais de tristes chagrins.
Le souffle du zéphir
Les fait fuir.
RÉPONSE ENSEMBLE.
Des fleurs riant aide, etc.

LA MARGUERITE. C'est Ismaël qui est cause de ma tristesse... ces étrangers qui sont arrivés dans cette île.

LA ROSE. Que nous importe ?

LA MARGUERITE. S'ils allaient nous cueillir... briser notre tige !

LA ROSE. Ismaël ne veille-t-il pas sur nous ? (Le perroquet paraît.) Ce ne sont pas ces étrangers qui m'inquiètent, mais bien plutôt la méchanceté de notre gardien, ce vilain oiseau vert que tu as tort de taquiner toujours.

LE PERROQUET. Oh ! oh !

Le Perroquet s'arrête aux dernières paroles de la Rose.

LA MARGUERITE, reprenant sa gaîté. Le perroquet !... tu as peur de cet imbécile de perroquet ?

LE PERROQUET. Oh ! oh !... (Il s'éloigne.) Nous verrons ! nous verrons !...

Il s'éloigne.

LA ROSE. Qu'est-ce que cela !

~~~~~~~~~~~~~~~~~~~~~~~~~~~~~~

SCÈNE IV.

TOUTES LES FLEURS, puis FICH-YANKO sous la forme d'un gros papillon, suivi de plusieurs petits papillons de différentes espèces. On en voit quelques-uns en l'air.

LES FLEURS, elles arrivent en criant. Les papillons !... les papillons !

CHŒUR.

Air : Des Bayadères de Pithiviers.

LES PAPILLONS.
Du papillon léger
Que la vie
Est jolie !
Toujours voltiger,
Sans craindre le danger,
Les ris, les plaisirs,
Les amours, la folie,
Voilà nos loisirs,
Voilà nos seuls désirs !
LES FLEURS.
Du papillon léger
Si la vie
Est jolie,
Le voir voltiger,
Pour nous c'est un danger.
Les ris, les plaisirs,
Les amours, la folie,
Voilà ses loisirs,
Voilà ses seuls désirs !

Les Papillons agacent les fleurs, qui les repoussent. Le gros Papillon Fich-Yanko entre à son tour et chante avec prétention :

FICH-YANKO.
Du papillon léger
Que la vie
Est jolie ! etc.

Sur la fin de l'air il poursuit la Rose.

FICH-YANKO. Bonjour, amour ! bonjour, fleurette adorée. Qu'est-ce qu'on dit à son petit papillon ?

LA ROSE. Mais laissez-moi donc, gros importun !... Vous me fatiguez, vous m'ennuyez énormément !

FICH-YANKO. Oh ! laisse-moi te lutiner... te butiner... te caresser de mes ailes frémissantes !... Et toi aussi, jolie Marguerite... Octroye-moi un baiser, un seul baiser !

LA MARGUERITE, le repoussant. Oh ! non, par exemple !... (A une autre fleur.) Ça se dit papillon... J'appelle ça une énorme chauve-souris !

FICH-YANKO, retournant vers la Rose. Mais pour toi, rose idolâtrée, je deviens maigrelet, je dessèche... je m'annihile !

LA ROSE, souriant. Pauvre victime !... Par bonheur, vous n'êtes pas encore transparent.

LA MARGUERITE, bas, à la Rose. Sois tranquille, je vais t'en débarrasser.

Elle sort vivement.

FICH-YANKO. Et cependant, je suis le roi de mon espèce !... Tu ne sais pas, peut-être, que tu as pour adorateur le plus puissant des papillons ?

LA ROSE. Je ne mets pas cela en doute.

FICH-YANKO. Tu devrais, il me semble, être fière de mes hommages !

LA ROSE. Combien de fois avez-vous débité tout cela depuis ce matin ?

FICH-YANKO. Tu vas encore me parler de cette rose des champs !...

LA ROSE. Pourquoi lui être infidèle ?

FICH-YANKO. Elle m'ennuie... Je m'abîme toujours les ailes dans ses buissons... et puis, c'est une rose simple... et toi, tu es une rose mousseuse... (Ici la Marguerite reparaît amenant la rose des champs, et lui montrant de loin son papillon volage.) J'adore les mousseuses !... tu ne sais pas, lorsque tu es à l'état de fleur, que tu m'appartiens ! que tu es à moi sans défense... quel bonheur j'éprouve de venir me poser légèrement sur ta blanche corolle..... Oh ! dis..... dis que tu es à moi comme la fleur est au soleil.

~~~~~~~~~~~~~~~~~~~~~~~~~~~~~~

SCÈNE V.

LES MÊMES, LA MARGUERITE, LA ROSE DES BUISSONS.

LA ROSE DES BUISSONS. Eh bien, non !... elle ne dira pas cela, vilain monstre !... Car tu es à moi, et tu ne seras qu'à moi !

FICH-YANKO. Je suis pincé !

Il cherche à s'éloigner en sautillant comiquement.

LA ROSE DES BUISSONS. Oh ! tu ne m'échappetes pas!... gros volage! gros perfide! gros indigne!...

FICH-TASKO. Calme-toi, ma bonne, calme-toi!

LA ROSE DES BUISSONS. Que je me calme!... quand je me sens de désespoir!... quand il me délaisse!... et cela pour une péronelle! Mais qu'a-t-elle donc de plus séduisant que moi!... Je suis la Rose simple, moi!

FICH-TASKO. Oh! oui... très-simple!...

LA ROSE DES BUISSONS. Je suis la Rose des Buissons, moi!... Enfin, je suis la Rose...

FICH-TASKO. Tais-toi, tu vas dire des bêtises.

LA ROSE DES BUISSONS. Si elle brille dans les jardins... je brille dans les champs, moi!... et puis, ma fleur porte des fruits, au moins... de jolis petits fruits rouges.

FICH-TASKO, à part. Elle s'en vante!

LA ROSE BLANCHE. Sachez, pauvre Rose des champs, que je n'envie ni votre sort, ni votre papillon infidèle... et si vous pouvez m'en débarrasser à tout jamais, vous me rendrez un service signalé.

Elle s'éloigne avec la Marguerite.

LA ROSE DES BUISSONS, à Fich-Tasko. Vous l'entendez!... on n'a pour vous que des dédains, tandis que moi je suis tout amour!

FICH-TASKO. Eh bien, oui, ma grosse, oui, les grands airs de cette Rose dédaigneuse me décident!... Je suis à toi... à toi, tout entier!... et que je devienne chenille à l'instant, si je te suis jamais infidèle!

LA ROSE DES BUISSONS. Ah! que cette promesse me fait de bien! Merci! merci, mon bel insecte!

FICH-TASKO. Viens, ma grosse plante, viens... désormais je ne veux plus papillonner qu'avec toi!

Musique. Il sort légèrement avec elle. Les Papillons et les Fleurs se mettent à danser pour cimenter la paix. La danse est interrompue par l'arrivée de Perroquet.

SCÈNE VI.

LES FLEURS, LE PERROQUET.

LE PERROQUET. Arrêtez!... Étrangers!...

TOUTES LES FLEURS. Les étrangers!...

LE PERROQUET. Étrangers... Rentrez!... vite, vite, vite... rentrez!

Les fleurs disparaissent toutes dans les bosquets. Le Perroquet s'éloigne.

SCÈNE VII.

SCHARIAR, BADROULBOUDOUR, puis LE PERROQUET.

Une barque paraît au fond à travers les fleurs; elle amène les deux voyageurs.

SCHARIAR, *regardant autour de lui. Après cette* horrible tempête se retrouver ici, au milieu de ces bosquets, dans cet oasis; c'est le paradis après l'enfer!

BADROULBOUDOUR. Hélas! depuis trois jours sommes-nous assez ballottés sur les vagues. Enfin nous sentons la terre sous nos pieds, et une terre émaillée de pâquerettes. Dieu, que ça sent bon!

SCHARIAR. Cette île est ravissante. *(Il recule d'un pas à la vue d'un gros perroquet qui s'incline devant lui.)* Vois donc, Badroulboudour!

BADROULBOUDOUR. C'est un perroquet qui nous salue!... Ah! l'honnête perroquet!... *(Il le salue à son tour.)* Comment donc, perroquet! mais de notre côté nous avons l'honneur... *(Il se retourne, un énorme soleil s'incline devant lui.)* Le soleil aussi!... *(Il rend le salut.)* Le soleil qui me rend ses hommages! j'en suis rajeunissi!

SCHARIAR. Je comprends. Sans nul doute nous sommes dans ce royaume des fleurs dont parlent nos Védams, ces livres sacrés de l'Indostan.

BADROULBOUDOUR, *regardant autour de lui.* Ça me ferait assez cet effet-là!

SCHARIAR, *avec joie.* Mais alors c'est Vishnou qui a conduit notre barque vers ce rivage.

BADROULBOUDOUR. Vishnou!... Ah! puisse-t-il nous protéger à présent que nous n'avons plus la lampe à notre service!

SCHARIAR. Et si nous devions retrouver en ces lieux un nouveau talisman, ou plutôt si celles que nous avons perdues revivaient ici parmi ces fleurs!

BADROULBOUDOUR. Elles en sont capables! elles étaient si jolies!

SCHARIAR. Oui, ces arbres, ces feuilles, ces fleurs doivent avoir un langage! cette nature existe et parle! Le parfum qui s'exhale de ces plantes agit sur la pensée qui vous transporte dans un monde nouveau! Oui, sur ces bords enchantés chaque arbuste doit avoir une âme!

BADROULBOUDOUR. Ainsi, maître, selon vous, Schérazade et Dinarzade se trouveraient au milieu de ces œillets, de ces guimauves ou de ces gueules de loup... Si nous les découvrons, nous pourrons donc les respirer, les cueillir et les emporter!

Musique. — Le Perroquet paraît et reste au fond.

SCHARIAR. Schérazade! comment la découvrir? dois-je apprendre bientôt dans quelle fleur elle peut être?

LE PERROQUET, *au fond.* Peut-être.

SCHARIAR, *à Badroulboudour.* Tu dis...

BADROULBOUDOUR. Moi? rien... je réfléchissais. Tout ce qui nous arrive est tellement inouï!

LE PERROQUET. Oui.

BADROULBOUDOUR. Il y a de l'écho ici, ou bien quelqu'un serait-il caché sous ce berceau?

LE PERROQUET. Soi! *(Il rit.)* Ho! ho! ho! ho!

BADROULBOUDOUR. Tiens, c'est un perroquet! *(Riant comme lui.)* Ho! ho! ho! ho! Oh! le gros perroquet! quel beau bec! je vais pas lui gratter la tête.

SCHARIAR. Tais-toi. Cet oiseau extraordinaire...
BADROULBOUDOUR. Eh bien?
SCHARIAR. C'est peut-être quelque génie qui a pris cette forme.
BADROULBOUDOUR. Vous avez raison. Je vais lui faire des politesses, lui demander s'il a déjeuné.

Il s'approche du Perroquet.

SCHARIAR, *le retenant.* Non, laisse-moi. (*Au Perroquet.*) Toi qui habites cette île, oiseau ou génie, peux-tu nous aider dans nos recherches?
LE PERROQUET. Cherche!
SCHARIAR. Il me comprend. Il m'apprendra peut-être dans quelle fleur je dois retrouver Schérazade. Oh! guide-moi, je t'en supplie... De quel côté faut-il me diriger pour dire : La voilà!

Il cherche parmi les fleurs et passe devant la Rose.

LE PERROQUET. Là!
SCHARIAR, *qui s'arrête tout à coup.* Cette rose? (*Signe affirmatif du Perroquet.*) Cette rose!

Il la contemple avec amour.

BADROULBOUDOUR. Il se pourrait!.. Et Dinarzarde! Oh! elle ne doit pas être loin, alors!.. (*Au Perroquet.*) Faut-il aller par là? par ici?
LE PERROQUET. Si.
BADROULBOUDOUR. Il paraît que je brûle!... Avançons. Tâchons de m'y prendre d'une façon adroite.

Il fait quelques pas.

LE PERROQUET. Droite!
BADROULBOUDOUR, *tournant vivement à la façon militaire de manière à se trouver devant le buisson de Marguerites.* Oh! c'est fait! j'y suis, ou à peu près. Elle doit être dans cette touffe de marguerites ou dans ce bosquet de chèvre-feuilles. Comment choisir? je n'en puis plus! j'étouffe!
LE PERROQUET. Touffe!
BADROULBOUDOUR. Il a dit touffe! elle est là dans les marguerites. Ce doit être la plus belle, celle-ci.
SCHARIAR. Par quel moyen nous mettre en rapport avec elles, leur faire comprendre nos désirs? et leurs pensées? comment les deviner? comment les recueillir?
LE PERROQUET. Cueillir! cueillir!

Le Perroquet s'envole.

SCHARIAR. Les cueillir, a-t-il dit!
BADROULBOUDOUR. Il a raison. N'est-ce pas le meilleur moyen de les avoir en notre possession? Suivons les conseils du perroquet.

Musique jusqu'à la fin de l'acte.

SCHARIAR, *s'approchant du buisson.* A moi donc cette rose!
BADROULBOUDOUR. A moi cette marguerite!
SCHARIAR, *s'arrêtant tout à coup.* C'est étrange! au moment de cueillir cette fleur je ne sais quelle émotion s'empare de moi.
BADROULBOUDOUR. Moi de même!. Je ressens comme des picotements dans les mains.
SCHARIAR. Ces fleurs semblent, à notre approche, trembler et frémir!
BADROULBOUDOUR. C'est de plaisir sans doute! elles nous invitent à les prendre.

SCHARIAR. Allons! plus d'hésitation! (*Chacun cueille sa fleur. Deux cris étouffés semblent partir de chaque tige. Avec effroi.*) D'où partent ces cris plaintifs?
BADROULBOUDOUR. Une goutte de sang sur cette tige!

Il rejette la fleur.

SCHARIAR, *laissant aussi tomber la rose.* Du sang! Ah! qu'avons-nous fait!

~~~~~~~~~~~~~~~~~~~~~~~~~~~~~~

SCÈNE VIII.

SCHARIAR, BADROULBOUDOUR, LE GÉNIE ISMAEL, puis TOUTES LES FLEURS.

ISMAEL. En cueillant ces fleurs vous avez brisé la fragile existence de celles que vous aimiez.
SCHARIAR et BADROULBOUDOUR. C'étaient elles!
SCHARIAR, *tombant à genoux près du buisson de roses.* O Brahma! ces êtres chéris qui nous étaient rendus, veux-tu donc encore nous les ravir?
BADROULBOUDOUR, *à genoux de l'autre côté.* Pardonne-moi, Dinarzade! l'autre Marguerite, pardonne-moi!

Il ramasse vivement la Marguerite, l'embrasse et la presse sur son cœur.

SCHARIAR. Notre malheur est-il à son comble? ne devons-nous plus les voir?
ISMAEL. Au ciel il est écrit : Espérez, espérez toujours!
SCHARIAR et BADROULBOUDOUR. Brahma, pitié pour nous!
ISMAEL. Au pied de ces tiges brisées, voyez ces deux blanches colombes.

Il a étendu sa baguette, et deux Colombes apparaissent au milieu des feuilles.

BADROULBOUDOUR. Il se pourrait!
SCHARIAR. Ces colombes...
ISMAEL. Viennent de recevoir l'âme de Schérazade et celle de sa sœur.
SCHARIAR, *prenant la colombe.* Viens, viens, chère colombe... tu ne me quitteras plus.
BADROULBOUDOUR, *prenant l'autre.* Oh! je veux te mettre dans le duvet le plus fin!
SCHARIAR. Merci, Ismaël. (*A Badroulboudour.*) Maintenant nous pouvons quitter cette île, riches de ces trésors, riches d'espérance. Viens, Badroulboudour.
BADROULBOUDOUR. Je vous suis, maître. (*A sa colombe.*) Oh! que nous sommes donc jolie! (*Il l'embrasse.*) Donner un bécot au petit Doudour.
SCHARIAR. Partons.

Ils montent dans la barque. Toutes les fleurs paraissent et semblent dire un dernier adieu aux Colombes. Une pluie de fleurs tombe sur Schariar et Badroulboudour.

CHŒUR DES FLEURS.

AIR du Roi d'Yvetot.

Loin de nous, pauvres sœurs,
Que Brahma vous conduise;
Recevez de vos cœurs
Les adieux et les pleurs.

DIXIÈME TABLEAU.

PERSONNAGES.	ACTEURS.
SCHARIAR	M. RAVOCLE.
BADROULBOUDOUR	M. GABRIEL.
GIAFFAR	M. TOURNAN.
LA PRINCESSE	Mlle LÉONIDE.

EN PERSE.

Une boutique à Ispahan; porte et fenêtre, au fond; deux portes latérales.

SCÈNE PREMIÈRE.

GIAFFAR *paraît à la porte du fond, et entre avec précaution.*

Personne!... est-ce que ces deux tailleurs dormiraient encore?... Il faut avouer que ces magauts me font jouer un triste rôle. Moi Bin-Ortoc-Zingui-Giaffar, l'unique descendant des Bin-Ortoc-Zingui qui ont jeté un vernis si brillant sur le royaume de Perse!... moi chef des gardes du palais!.., contraint de venir tous les matins espionner... espionner, c'est le mot!... et qui?.. deux misérables tailleurs tombés à Ispahan on ne sait d'où, et cela, pourquoi? parce que ces deux misérables tailleurs possèdent des colombes soi-disant merveilleuses, des colombes qui parlent! (*Il rit.*) Oh! oh! oh! et c'est à moi, Giaffar, descendant des Bin-Ortoc-Zingui... que l'on veut faire croire ces balivernes!... Mais que faire?.. j'ai reçu un ordre, un ordre formel de la très-illustre fille du roi, mon maître... la princesse Adelmuc, surnommée la sœur des étoiles, et qu'on aurait bien dû plutôt surnommer la sœur des oiseaux; car cette princesse a une manie très-développée. Tous les volatiles qu'elle entrevoit, quels que soient leur plumage et leur ramage, elle veut aussitôt les avoir en sa possession; aussi la demeure royale est-elle devenue une véritable volière! on ne peut plus faire un pas dans le palais sans rencontrer des sansonnets, des colibris, des perroquets, et des serins de toute espèce... Les serins surtout sont en majorité... elle adore les serins. Cette princesse, qui m'affectionne beaucoup, me dit, il y a quelques jours... « Giaffar, vous êtes un homme adroit, spirituel, entreprenant! Giaffar, tout le monde s'entretient à Ispahan de deux colombes qui parlent; je veux savoir si ce qu'on dit est vrai... Si ce qu'on dit est vrai, je veux ces colombes... Je veux! vous avez entendu?.. Allez... mettez-vous en campagne. » Et voilà ce qui explique comment Giaffar, le descendant des Bin-Ortoc-Zingui, se trouve tous les jours, à pareille heure et l'oreille au guet, dans une piètre boutique de tailleur. Je dis au guet, car je veux m'assurer par moi-même si les volatiles parlent véritablement, et ne pas m'exposer à porter à la belle Adelmuc des colombes qui seraient muettes!...

Air: *Jusqu'à c'jour je fus trop bête.* (Deux Dénicheurs.)

Jusques-là, patience!
Gardons bien mon secret.
Sera mon espérance,
Si j'entends leur caquet,
Alors, plus de mystère,
Je m'élance aussitôt
Pour souffler la première
Qui soufflera le mot.

L'air continue.

SCHARIAR, *de l'intérieur.* Badroulboudour!

BADROULBOUDOUR, *répondant de l'autre côté.* Maître!

GIAFFAR. Ce sont eux!... sortons, et rôdons aux alentours de la maison.

Il sort.

SCÈNE II.

SCHARIAR, BADROULBOUDOUR.

Schariar arrive par la gauche, Badroulboudour par la droite. Ils tiennent chacun une jolie cage recouverte d'un tissu de soie. Ils sont tous deux très-misérablement vêtus. Ils vont accrocher les cages, Badroulboudour à droite et Schariar à gauche.

BADROULBOUDOUR, *s'adressant à la cage.* Là... faites encore un petit somme. (*A Schariar.*) Elle a passé une si mauvaise nuit!

SCHARIAR. Elle aussi, Badroulboudour... la pauvre petite était agitée... elle poussait de temps en temps de petits cris plaintifs qui m'allaient au cœur... Par bonheur, elle s'est enfin calmée; elle dort maintenant, et dès qu'elle aura pris un peu de nourriture...

BADROULBOUDOUR. Oh! certainement, quand elles auront bien déjeuné... ça remet si bien un bon déjeuner...

SCHARIAR. Tu as un vilain défaut, Badroulboudour.

BADROULBOUDOUR. Un défaut?

SCHARIAR. Celui de la gourmandise.

BADROULBOUDOUR. Moi, gourmand! moi, sur ma bouche!.. Dans tous les cas, maître, si j'ai ce défaut, j'en suis cruellement puni... Hier, encore sans murmurer de n'avoir pas déjeuné, ne me suis-je pas couché sans souper, après avoir dîné par cœur?.. Si c'est là de la gourmandise!

SCHARIAR. Vas-tu recommencer tes plaintes?.. Jetés à Ispahan avec quelques pièces d'or, pauvre ressource qui s'épuisait chaque jour, ne fallait-il pas songer à travailler pour vivre?

BADROULBOUDOUR. C'était de première nécessité.

SCHARIAR. Le pauvre tailleur qui nous avait donné asile dans cette boutique nous offrit de nous la céder; nous acceptâmes...

BADROULBOUDOUR. Et nous voilà dans la couture...

SCHARIAR. Et depuis ce jour si le sort ne nous a

pas été favorable, nos chères colombes, du moins, n'ont manqué de rien... elles ont eu de jolies cages, nous avons entouré leurs demeures des arbustes les plus verts, des fleurs les plus belles!

BADROULBOUDOUR. C'est vrai...

SCHARIAR. Elles vivent heureuses près de nous, heureuses de nos soins, de notre amour, et nous témoignant souvent par le frémissement de leurs ailes, leur bien-être et leur reconnaissance... Que veux-tu de plus?... Voyons, parle...

BADROULBOUDOUR. Je vais parler... Loin de moi la pensée de regretter tout ce que nous faisons pour elles! Ma Dinarzade que j'aime tant, lui reprocher ce qu'elle mange, fi donc! jamais... (*Piteusement.*) Seulement, je voudrais bien avoir aussi quelque chose pour mon pauvre petit estomac. (*Schariar fait un mouvement d'impatience.*) Pas tous les jours... Je n'ai pas cette ambition vorace... mais de temps en temps, de loin en loin...

SCHARIAR. Terminons aujourd'hui la veste du seigneur Giaffar... et s'il juge à propos de s'acquitter, alors seulement nous pourrons penser à nous.

BADROULBOUDOUR. Faire des habits pour les autres, quand on est attifé comme ça!... Tenez, maître, la chose qui me vexe le plus dans notre position mesquine...

SCHARIAR. Qu'est-ce encore!

BADROULBOUDOUR. C'est de voir les chiens aboyer après moi quand je sors; ces animaux sont fort insolents avec les gens mal vêtus... c'est peut-être une faiblesse; mais ça m'humilie au dernier point.

SCHARIAR. Pauvre Badroulboudour, quand donc sauras-tu souffrir sans te plaindre... Prends exemple sur moi... pour me payer de toutes mes peines, tiens, je n'ai plus qu'à soulever le voile que recouvre cette cage, à contempler cette blanche colombe qu'anime l'âme de ma Scherazade... notre sort est-il donc si affreux?... Brahma, dans sa clémence, n'a-t-il pas étendu la main sur nous en permettant quelquefois à ces oiseaux, par une faveur céleste, de nous parler, de nous répondre?...

BADROULBOUDOUR, *regardant autour de lui avec crainte.* Plus bas, maître, plus bas!

SCHARIAR. Oh! vois-tu... lorsque le soir, après une journée de travail, je suis là, près d'elle, et que, de son petit bec, elle laisse tomber quelques douces paroles... alors, j'oublie tout, mes chagrins, mes malheurs, notre misère!... Mais pendant qu'elles reposent encore, Badroulboudour, je vais sortir, afin qu'elles trouvent à leur réveil ce dont elles ont besoin. Pendant mon absence, pas d'imprudence... pas d'indiscrétion surtout!

BADROULBOUDOUR. Oh! rassurez-vous! je m'en veux trop d'avoir fait jaser Dinarzade devant nos voisins... ça a fait assez de bruit de par la ville. Soyez sans crainte... je réponds de ma langue.

SCHARIAR, *à demi-voix, et en envoyant un baiser vers la cage.* Au revoir, bonne Scheherazade...

dors en paix!... Bientôt tu auras les fleurs que tu préfères... Ne lui dis pas!...

Il sort après avoir de nouveau, et par gestes, recommandé le silence à Badroulboudour.

SCÈNE III.

BADROULBOUDOUR *se mettant à l'ouvrage*.

Allons, il s'agit de finir la veste du seigneur Giaffar!... En voilà un qui est tourmentant! il vient ici jusqu'à trois fois par jour!... Avec ça que cet homme est fort désagréable à la vue; je trouve que, de profil, il ressemble beaucoup à une grue; j'offense cet animal, mais la ressemblance y est. (*Il prend son ouvrage.*) L'état de tailleur a peut-être de l'attrait pour quelques gens... A mes yeux, cette profession est dépourvue de charmes; d'abord, j'ai une grande difficulté à me croiser les jambes... ça me disloque, et ça rend cagneux! Ah! s'il ne s'agissait que de se croiser les bras!... Et puis, je peux m'avouer ça à moi-même, sans témoins, je couds très-mal; je me livre à d'affreux points turcs, et je casse des aiguilles... j'en casse!... Enfin, je ne sais pas comment je m'y prends, mais tout ce que je confectionne va de travers, ça gode toujours, ça fait des plis!... Il y a notre voisin, le bijoutier, à qui j'ai fait une pelisse, il est fagoté là-dedans... on dirait d'un sac qui se promène; c'est au point que je me cache pour rire quand il passe devant la boutique!... Quant à cette veste, c'est autre chose, je crois que ce sera mon chef-d'œuvre... si toutefois le seigneur Giaffar peut entrer dedans; car j'ai bien peur de l'avoir faite trop étroite... (*Il se met à enfiler son aiguille.*) Encore une chose que j'exécute avec peu de facilité... aussitôt que j'approche cet objet de mon nez, je louche... J'y parviendrai pourtant!

Il essaye à plusieurs reprises.

SCÈNE IV.

BADROULBOUDOUR, GIAFFAR.

GIAFFAR, *entrant*. L'autre est parti, tâchons de nous débarrasser de celui-ci. (*Il tousse.*) Hum, hum, hum.

BADROULBOUDOUR, *s'inclinant*. Le seigneur Giaffar!... Je baise la poussière de vos sacrés pieds! Seigneur, asseyez-vous donc!

GIAFFAR *cherche un siège des yeux, et ne le trouve pas*. Et ma veste?

BADROULBOUDOUR. Elle est faite... oh! entièrement terminée; je n'ai plus que pour trois petites heures d'ouvrage!... une misère à la manche droite! si vous daigniez vous asseoir...

GIAFFAR. Voyons. (*A part.*) Éloignons-le.

BABOUCBOCDOCK, faisant examiner la veste. La voici, seigneur; j'ose dire que c'est parfait.

GIAFFAR, regardant la veste. Fort bien, fort bien!...

BABOUCBOCDOCK, à part. Il est content!... quel bonheur! c'est le premier!

GIAFFAR. Cependant en l'examinant avec soin...

BABOUCBOCDOCK, à part. Aïe, aïe!... il va la trouver trop étroite.

GIAFFAR. Il me semble qu'il lui manque quelque chose.

BABOUCBOCDOCK. Vous croyez?

GIAFFAR. Oui, du galon d'or... il n'y a pas assez de galon d'or.

BABOUCBOCDOCK. Mais elle en est criblée de galons!...

GIAFFAR, avec autorité. J'en veux davantage.

BABOUCBOCDOCK. Après ça, vous me direz : quand on aime le galon, on n'en saurait trop...

GIAFFAR. Tiens, j'en ai vu du superbe chez cet Arabe qui demeure tout près d'ici...

BABOUCBOCDOCK. Mousselinar?

GIAFFAR. Mousselinar! précisément : cours chez lui, achètes-en beaucoup... Hâte-toi. Va!

BABOUCBOCDOCK, à part. Quelle position!... Celui-ci qui redemande du galon, et Mousselinar qui ne veut plus rien nous fournir depuis longtemps.

GIAFFAR. Eh bien, ne m'as-tu pas entendu?

BABOUCBOCDOCK. Si fait! parfaitement, tout de suite. (A part.) Je vais tâcher d'attendrir Mousselinar; ce marchand doit avoir des entrailles; je n'irai pas par trente-six chemins avec lui... je m'adresserai tout de suite à ses entrailles! (Haut.) Prenez donc un siège, seigneur; je cours comme une flèche, et je reviens comme une fusée!... Mais, pour Dieu, prenez un siège!...

Il sort par le fond. Musique, jusqu'à l'entrée de la princesse Adelnuc.

SCÈNE V.

GIAFFAR, puis LA PRINCESSE ADELNUC.

GIAFFAR. Enfin, me voilà seul; faisons à la princesse le signe convenu. (Il agite un mouchoir à la fenêtre.) Ses porteurs m'ont aperçu, elle va venir!... Quelle imprudence! sortir du palais de son père, incognito, et cela pour courir après des oiseaux!... Quelle tête!.. C'est égal, être de moitié dans une telle aventure, c'est un grand bonheur pour moi, descendant des Bim-Ortoc!... Mais on vient, c'est elle!

LA PRINCESSE, avec mystère.
Air : La Péricole. (Pilati, Palais-Royal).

Oui, c'est moi, silence!
Tu sais mon projet,
Mais de la prudence,
Garde le secret.
Car je viens moi-même
Pour connaître mieux

Ce prodige extrême
Qu'on cache en ces lieux.

Nous sommes bien seuls?

GIAFFAR. Vous et moi, princesse, vous et moi!

LA PRINCESSE. Quelle pauvre boutique!... Ah! ces cages...

GIAFFAR, avec importance. Vous indiquent, princesse, la demeure des deux oiseaux que vous cherchez.

LA PRINCESSE. Mais voyez donc, Giaffar, quelles cages magnifiques!

GIAFFAR. Ce sont de jolies cages.

LA PRINCESSE. Certainement on ne logerait pas ainsi des oiseaux ordinaires.

GIAFFAR. C'est mon opinion, princesse.

LA PRINCESSE. Mais est-il bien vrai qu'ils soient aussi prodigieux qu'on le dit? Soulevez ce voile, que je puisse les voir. (Giaffar s'incline et va soulever le voile d'une cage.) Ah! jamais ma curiosité n'a été excitée à ce point!

GIAFFAR, qui a découvert la cage. C'est une colombe assez commune.

LA PRINCESSE. Commune!... mais elle est ravissante, au contraire!

GIAFFAR. Au fait, en l'examinant bien...

LA PRINCESSE. Et l'autre? (Giaffar va soulever le voile qui recouvre l'autre colombe; pendant ce temps la princesse admire la première.) Quelle blancheur! quel cou gracieux! quel œil brillant et spirituel!

GIAFFAR. Voici l'autre.

LA PRINCESSE. En tout pareille. Oh! les charmants oiseaux! Giaffar, essayez de les faire parler. Causez avec elles. Prenez une voix douce et caressante. Flattez-les.

GIAFFAR. Vous voulez... (A part.) Faire le courtisan près d'un oiseau... quand on descend des Bim-Ortoc-Zingui...

LA PRINCESSE, avec impatience. Eh bien?

GIAFFAR. Je cherche une inflexion agréable.... Ah! je crois que je la tiens. (A une colombe.) « Mon bel oiseau!... » Oui, je la tiens. « Mon bel oiseau!... votre plumage est sans défaut... mais vous seriez encore plus beau... si vous nous disiez quelques mots... Bel oiseau!... parler aussitôt! »

LA PRINCESSE, qui écoutait. Rien!

GIAFFAR. Mes questions cependant étaient engageantes.

LA PRINCESSE. Voyons si je serai plus heureuse avec l'autre.

GIAFFAR. Je ne doute pas qu'aux accords de votre timbre royal...

LA PRINCESSE, à l'autre colombe. « Belle colombe... si tu étais à moi... tous les oiseaux qui habitent les airs envieraient ton sort... Réponds-moi, veux-tu m'appartenir? » (Elle écoute.)... Rien!

GIAFFAR. Décidément ce sont des oiseaux mal appris.

LA PRINCESSE, avec dépit. Nous nous y prenons maladroitement, sans doute. Leurs maîtres ont peut-être seuls le secret de les faire parler... Giaffar ?...

GIAFFAR, s'inclinant. Sœur des étoiles !...

LA PRINCESSE. Il faut épier ces tailleurs... les surprendre.... savoir enfin comment ils s'y prennent.

GIAFFAR. Justement je crois les entendre... mais nous cacher ici me paraît difficile.

LA PRINCESSE, indiquant la porte de gauche. Où donne cette porte ?

GIAFFAR, l'ouvrant. Dans un cabinet peu élégant, mais très obscur.

LA PRINCESSE. Cachons-nous dans ce cabinet.

GIAFFAR. Quoi ! princesse, vous voulez...

LA PRINCESSE. Puisqu'il n'y a pas d'autre moyen... venez... D'ailleurs avec vous je n'ai rien à craindre.

GIAFFAR, s'inclinant. Oh ! que vous êtes bonne !...

Ils entrent dans le cabinet à gauche.

SCÈNE VI.

BADROULBOUDOUR, SCHARIAR.

BADROULBOUDOUR, à la cantonade. Oui, maître, il est là. (Entrant.) Illustre Giaffar, mon maître qui me suit... eh bien.... où est-il donc passé ?

SCHARIAR. Il se sera lassé d'attendre.

BADROULBOUDOUR. Entre nous, j'aime autant qu'il soit parti.

SCHARIAR. Et tu dis qu'il demandait encore...

BADROULBOUDOUR. Du galon... il est affamé de galons ! Je le trouve absurde cet homme ! Quant à Mousselinar, c'est fini !... il ne veut plus rien fournir, et pour que rien ne manque à la situation, notre propriétaire Ali-Bec nous met ce soir à la porte. Que dites-vous de tout cela ?

SCHARIAR. Je dis, quoi qu'il arrive, qu'aujourd'hui encore Scherazade et Dinarzade ne manqueront de rien... On va nous apporter ce que j'ai acheté pour elles.

BADROULBOUDOUR. Et pour nous, maître ?

SCHARIAR. Nous, mon ami, nous patienterons encore...

BADROULBOUDOUR, se tâtant l'estomac. Je ne vous cache pas que ça commence à me tirailler d'une manière pressante.

SCHARIAR, à part. Et moi donc... mais qu'importe...

BADROULBOUDOUR, avec un soupir. Aujourd'hui à la diète !... et demain à la porte !

SCHARIAR, avec résignation. Eh bien, demain, nous irons chercher fortune ailleurs... nous partirons avec elles, et le ciel ne nous abandonnera pas.

BADROULBOUDOUR. Vous voyez les choses du beau côté.

SCHARIAR. Ai-je tort ? Tiens, prenons conseil de nos chères colombes...

BADROULBOUDOUR. Je veux bien...

SCHARIAR. Nous sommes seuls ?...

BADROULBOUDOUR, reprenant courage. Absolument.

SCHARIAR. Personne ne peut nous surprendre ?

BADROULBOUDOUR. Personne.

ENSEMBLE.

Air de Pilati : *Il faut de la coquetterie.* (Fille de l'air.)

Tout bas, tout bas, ma voix t'implore,
Je souffre, et je m'adresse à toi,
Blanche colombe, que j'adore,
Pitié !... parle-moi, réponds-moi !

BADROULBOUDOUR.

Faudra-t-il, loin de ce rivage,
Partir, hélas ! marcher toujours ?

SCHARIAR.

Répondez-nous... après l'orage,
N'aurons-nous pas quelques beaux jours ?

LES COLOMBES, lente voix.

Espère... encore... quelques... beaux jours. (bis.)

SCHARIAR, parlant avec exaltation. Elles nous disent d'espérer... Tu as entendu !

Reprise de l'air.

SCHARIAR et BADROULBOUDOUR, avec joie.
Tout bas, lorsque ma voix t'implore

LES COLOMBES.
Tout bas... je calme ta douleur.

SCHARIAR et BADROULBOUDOUR.
Ma Scherazade
Ma Dinarzade } que j'adore.

LES COLOMBES.
Brahma, vous rendra le bonheur.

SCÈNE VII.

LES MÊMES, LA PRINCESSE, GIAFFAR.

Ils sortent avec précaution de leur cachette, et se tiennent à l'écart.

SCHARIAR, après le couplet. O douces et consolantes paroles !... espoir d'un meilleur avenir !... (A la colombe.) Et pour atteindre ce bonheur que vous nous promettez...

BADROULBOUDOUR. Que faut-il faire ?

Sons de harpe quand les colombes parlent.

LA COLOMBE (DINARZADE). Nous aimer !

LA COLOMBE (SCHERAZADE). Toujours !

SCHARIAR et BADROULBOUDOUR. Oh ! oui, toujours !

BADROULBOUDOUR. Mais si l'on nous chasse de ces lieux !

LA COLOMBE (DINARZADE). Le monde est grand.

BADROULBOUDOUR. C'est vrai !... je n'y pensais pas.

SCHARIAR. Mais si l'on nous enlève nos dernières ressources... Pauvre colombe, que te restera-t-il ?

LA COLOMBE (SCHERAZADE). Ton amour !

LA COLOMBE (DINARZADE). Ton amour !

GIAFFAR, ne se contenant plus et avec explosion. C'est étourdissant !

LA PRINCESSE. C'est merveilleux !
SCHAHAR. Ciel !
BADROULBOUDOUR. On nous écoutait.
LA PRINCESSE. Rassurez-vous, braves gens, ma présence chez vous ne peut que vous être favorable.
GIAFFAR. Bénissez le ciel et inclinez-vous devant la très-illustre, la très-divine...
LA PRINCESSE. Silence, Giaffar !
GIAFFAR. Oui, princesse.
BADROULBOUDOUR. Une princesse!.. donnez-vous donc la peine de vous asseoir.
SCHAHAR. Nous ne sommes que de pauvres artisans...
LA PRINCESSE. Pauvres!.. vous ne l'êtes plus !
GIAFFAR. Vous ne l'êtes plus !
LA PRINCESSE. Taisez-vous, Giaffar.
GIAFFAR. Oui, princesse.
LA PRINCESSE. Dès ce jour, je vous prends sous ma protection.
SCHAHAR, s'inclinant. Sous votre protection!
BADROULBOUDOUR, à part. Si elle pouvait nous inviter à dîner !
LA PRINCESSE. Oui, mes amis, je prétends faire votre fortune.
SCHAHAR. Tant de générosité !...
LA PRINCESSE. Et vous ne me devrez rien, car en échange du bonheur que je vous promets, vous pouvez me faire un présent d'un prix inestimable.
SCHAHAR, avec crainte. Un présent ?
BADROULBOUDOUR. C'est que nous ne possédons pas grand'chose... pour le présent.
LA PRINCESSE. Si fait, vous possédez deux colombes.
SCHAHAR ET BADROULBOUDOUR, ensemble et tristement. Nos colombes!
LA PRINCESSE. Oui, ces oiseaux merveilleux que je viens d'entendre... donnez-les-moi.... et ma protection, mes largesses..
SCHAHAR. Vous les donner! jamais !
BADROULBOUDOUR. Jamais!
GIAFFAR. Comment, drôles!... vous osez répondre ainsi à la très-illustre, à la très-divine...
LA PRINCESSE, avec impatience. Taisez-vous, Giaffar !
GIAFFAR. Oui, princesse.
LA PRINCESSE, aux deux tailleurs. Écoutez-moi. Vous êtes pauvres, je le sais,... Eh bien, grâce à moi, aujourd'hui vous pouvez être riches, à l'abri du besoin. Fixez vous-même la somme que vous exigez en échange de vos colombes, et cette somme, je vous la donne.
SCHAHAR. Vous l'avez dit vous-même, princesse... leur prix est inestimable.
LA PRINCESSE. Je vous offre mille sequins !... (Silence.) Deux mille!... (Id.) Trois mille sequins.
SCHAHAR. Pardonnez-nous, princesse .... mais nous refusons.
LA PRINCESSE, allant à Badroulboudour. Eh bien!... dix mille sequins... Oh! je suis entêtée !
BADROULBOUDOUR. Nous refusons encore.

GIAFFAR. Allons donc !... vous êtes fous !... ou plutôt c'est pour vous faire payer plus cher.
SCHAHAR. Vous vous trompez, seigneur.... nous sommes pauvres, c'est vrai.... bien pauvres. Souvent même dans cette triste demeure, nous avons ressenti les douleurs de la faim.... oui, de la faim. Et cependant, lorsque vous venez nous offrir de l'or.... nous avons le courage de refuser cet or, de repousser vos bienfaits ,... car nos colombes, voyez-vous, c'est notre bien le plus cher, c'est toute notre vie. Oh! vous ne savez pas.... vous ne pouvez pas savoir quelle tendresse nous ressentons pour elles!... Tenez, princesse, n'insistez pas... par pitié, laissez-nous dans notre obscurité, dans notre misère,... nous sommes heureux ainsi... nous ne demandons rien à personne... Et tous les trésors du royaume de Perse, déposés à nos pieds, ne nous feraient pas changer de résolution... Car nous séparer d'elles,... vendre nos pauvres colombes, nous!... oh! c'est impossible! c'est impossible !
LA PRINCESSE, avec dépit. Quoi!... il me faudrait renoncer !... mais vous ne savez pas qui je suis !
GIAFFAR. Vous ignorez, manants, que vous parlez à la très-illustre fille du grand schah de Perse!
BADROULBOUDOUR, à part. La fille du schah!... Je ne m'étonne plus si elle guette nos oiseaux!
SCHAHAR. Eh bien, princesse, vous êtes jeune, riche et belle... vous devez être bonne. Et pour une fantaisie... pour un caprice... vous ne voudrez pas nous plonger dans le désespoir.
LA PRINCESSE. Un caprice! Oh! c'est plus qu'un caprice à présent, Giaffar.
GIAFFAR. Sœur des étoiles?
LA PRINCESSE. Je veux ces colombes!
GIAFFAR. Vous les aurez. (A Schahar.) Ecoutez-moi une dernière fois, et n'accusez que vous de tout ce qui pourra arriver. Je vous donnerai la somme que vous me demanderez, quelque exagérée qu'elle puisse être!... Mais si vous refusez encore!
SCHAHAR. Hélas! nous refuserons.
BADROULBOUDOUR. Nous refuserons.
GIAFFAR. Alors nous les aurons par expropriation, et à meilleur compte.
SCHAHAR. Que voulez-vous dire ?
GIAFFAR. Je veux dire que vous êtes étrangers dans ce pays... que vous m'êtes suspects! qu'on ne refuse pas une fortune en échange de deux moineaux, et que vous êtes des fous à lier, des espions à emprisonner, ou des sorciers à pendre! Choisissez donc!... de l'or pour vos colombes?... ou bien .. en punition de votre refus, la perte de vos oiseaux et de votre liberté.
BADROULBOUDOUR ET SCHAHAR. En prison!
LA PRINCESSE. Très-bien, Giaffar.
GIAFFAR. Oui, princesse.
LA PRINCESSE, aux tailleurs. Vous avez entendu?

GIAFFAR, aux tailleurs. Je vous donne cinq minutes pour réfléchir.

SCHAHIAR. Misérable!

GIAFFAR. Dans cinq minutes je reviens avec mes soldats.

LA PRINCESSE, à Giaffar. Et moi!... j'ordonne qu'avant une heure les deux colombes me soient apportées au palais.

GIAFFAR, s'inclinant. Vous serez obéie.

CHOEUR.
Air de Lucrezia.
GIAFFAR, LA PRINCESSE.

Téméraire,
Crains ma colère,
Ma colère
Et la prison.

SCHAHIAR et BADROULBOUDOUR.

Sort contraire,
En vain j'espère
Me soustraire
A la prison.

BADROULBOUDOUR, à la Princesse.
Le malheur nous accable,
Montrez-vous charitable;
Un seul mot de pardon.

REPRISE DU CHOEUR.
Téméraire, etc.

SCÈNE VIII.
SCHAHIAR, BADROULBOUDOUR.

BADROULBOUDOUR. Quel événement!

SCHAHIAR. En prison!

BADROULBOUDOUR. Cette princesse! cette Persienne! quelle jalousie! mais que faire! ils vont venir.

SCHAHIAR, avec énergie. Ils vont venir; eh bien, il ne faut pas les attendre... Fuyons, Badroulboudour; quittons bien vite Ispahan... Emportons nos trésors.

BADROULBOUDOUR. Fuir!... oui, c'est cela. C'est un moyen!... c'est même le seul!... préparez les cages, maître; moi je vais faire notre paquet.

Il entre à droite.

SCHAHIAR. Va. (*Prenant la cage.*) Me séparer de toi, ma Schérazade!... mais quel roi, quelle princesse, t'entoureraient de plus de soins, t'aimeraient mieux que je ne l'ai fait jusqu'à ce jour? Oh! tu ne veux pas me quitter, n'est-ce pas? Dis-moi que tu ne veux pas me quitter! ou plutôt, non, non, ne parle pas... On pourrait encore nous entendre.... Les barbares qui voudraient t'enlever à ma tendresse!... Mais calme-toi, pauvre petite... Nous allons les fuir, leur échapper!

BADROULBOUDOUR, *rentrant avec un très-petit paquet.* Voici tous nos effets. A présent, nous pouvons déloger. (*Il va prendre sa cage.*) Viens, ma Dinarzade, viens!

SCHAHIAR. Partons vite! (*S'arrêtant tout à coup.*) C'est étrange!

Il chancelle.

BADROULBOUDOUR. Qu'avez-vous, maître?

SCHAHIAR. Je ne sais... je ne puis avancer...

BADROULBOUDOUR. Eh bien, c'est comme moi... tout à l'heure, là... dans la tête, j'ai eu... comme un vertige... Allons, bon! voilà que ça me reprend!

SCHAHIAR. Une faiblesse!... l'émotion, sans doute!

BADROULBOUDOUR. Vous croyez que c'est l'émotion... Moi, en consultant ce que j'éprouve là, (*il indique l'estomac*) je crois plutôt que c'est...

SCHAHIAR. La faim!

BADROULBOUDOUR. Oh! oui, la faim!

SCHAHIAR. Ah! malheur! malheur! oui, je me sens défaillir!

BADROULBOUDOUR. Je ne dois plus compter sur mes jambes.

SCHAHIAR. Silence! écoute... Ne place-t-on pas des sentinelles autour de notre demeure?

BADROULBOUDOUR, *allant à la fenêtre.* Oui, j'aperçois des gardes commandés par Giaffar.

SCHAHIAR, *avec accablement.* Nous aurions la force de fuir... que nous ne le pourrions plus maintenant!

BADROULBOUDOUR. Tout est perdu!

SCHAHIAR. Et nos colombes tomberaient dans leurs mains!... Oh! non, non... plutôt ouvrir ces cages... et les rendre à la liberté.

BADROULBOUDOUR. Vous avez raison, maître... il n'y a pas à hésiter.

SCHAHIAR, *prenant sa colombe dans sa cage.* Viens, ma Schérazade!

BADROULBOUDOUR, *retirant la sienne.* Viens, ma Blanchette!

SCHAHIAR. Il faut nous séparer.... Oh! comme son petit cœur bat!

BADROULBOUDOUR. Tout son corps tremblotte dans ma main!

SCHAHIAR. Malgré moi je sens couler mes larmes. O ma colombe chérie... que j'aimais tant! te quitter! toi, mon seul bonheur!... Il le faut pour te sauver de l'esclavage!... Adieu donc... Envole-toi vers les bords heureux du Gange! Tu reverras le pays natal, ce pays que je ne reverrai jamais, moi! car je sens que la mort est ici... mais avant de nous séparer pour toujours, Schérazade, une parole encore!... un mot... un seul mot de pardon!... et je te lance dans l'espace. Tu partiras libre et joyeuse... et moi, Schérazade, moi, je mourrai moins malheureux!

Une musique céleste se fait entendre. Schahiar et Badroulboudour mettent un genou en terre.

LA VOIX DE SCHÉRAZADE. Schahiar... sois satisfait... Schérazade te pardonne!

SCHAHIAR, *se relevant.* Oh! merci, merci!... Et maintenant, sois libre... Adieu!... pars, ma chère colombe.

Il lui donne la volée après l'avoir embrassée.

BADROULBOUDOUR, *donnant aussi la volée à la sienne. Ils montent tous les deux sur l'établi de tailleur qui occupe le milieu de la boutique, afin de* mieux voir au dehors. Adieu aussi, Dinarzade, adieu.... Ah! les voilà qui voltigent... Voyez... adieu! adieu!... (Jetant un cri.) O ciel!

SCHARIAR. Qu'y a-t-il?
BADROULBOUDOUR. Giaffar les a vues!
SCHARIAR. Eh bien?
BADROULBOUDOUR. Dans sa fureur, il ordonne à ses gardes... Ah!... (On entend deux coups de feu.) Elles tombent!..
SCHARIAR. Blessées!... Mortes peut-être!..

Ils tombent tous deux sans mouvement sur l'établi.

SCÈNE IX.

Le théâtre s'ouvre; Ismaïl paraît au fond, entouré de génies qui viennent se grouper autour de Schariar et de Badroulboudour. Un nuage léger semble envelopper le sultan et son favori, qui sont doucement enlevés par le nuage, auprès d'Ismaïl. Le fond du théâtre se referme et tout disparaît.

SCÈNE X.

GIAFFAR, GARDES.

GIAFFAR. Suivez-moi! venez!.. Où sont-ils?.. cherchez!.. qu'on les amène à l'instant, morts ou vifs... (Les Gardes rentrent dans les deux chambres latérales.) Ils me payeront cher tant d'audace! se jouer d'un descendant des Bin-Ortoc-Zingui... d'un Giaffar!.. d'un chef des gardes du schah de Perse!... Eh bien?..
UN GARDE, à la porte de droite. Personne!
GIAFFAR. Et de ce côté?
UN AUTRE GARDE, sortant de la chambre de gauche. Personne!
GIAFFAR, furieux. Personne!.. Ils m'échapperaient!.. qu'on cerne la maison!.. qu'on cerne la ville!! il me faut ces deux hommes... emportez ces cages!.. mettez le feu à cette boutique; qu'on m'obéisse!..

CHŒUR.

GIAFFAR et LES SOLDATS.
Oui, vengeance!
Pour cette offense,
La potence
Ou la prison!

Giaffar sort suivi de ses gardes. Le décor change.

ONZIÈME TABLEAU.

PERSONNAGES.	ACTEURS.
SCHARIAR............	M. Ricourt.
BADROULBOUDOUR......	M. Gabriel.
UN GARDE DU PALAIS....	M. Mirchand.
CHEF D'ESCLAVES.......	M. Tessie.
SCHÉRAZADE...........	Mmes V. Klotz.
DINARZADE............	P. Arast.
ISMAËL...............	Anselet.
LE VISIR.............	M. Brémont.
LE CHEF DES GARDES...	M. Victor.

SEIGNEURS INDIENS, BAYADÈRES, NAYADES, GÉNIES, SOLDATS, PEUPLE, ETC.

SCÈNE PREMIÈRE.

LE PALAIS INDIEN.

Un riche palais baigné par le Gange. Une fontaine au milieu des eaux. A droite, un grand escalier tournant, conduisant à un magnifique pavillon. Au lever du rideau il fait nuit. Le palais est illuminé.

PANTOMIME.

Le chef des gardes, suivi de soldats, descend l'escalier qui conduit au pavillon principal du palais. Il divise sa petite troupe et place des sentinelles au dehors, dans toutes les directions. — Des esclaves arrivent à leur tour avec des corbeilles de fleurs, qu'ils déposent au pied de chaque colonne. — Demain, dit le chef aux esclaves, grande fête dans toute la ville. — Les esclaves sautent de joie... Mais chut!... écoutez! Chaque esclave va prêter au dehors une oreille attentive, puis fait signe qu'il n'entend rien. — Éloignons-nous, dit le chef des gardes. — Tous les esclaves se retirent avec précaution.

SCÈNE II.

SCHARIAR, BADROULBOUDOUR.

Une dalle se lève lentement au milieu du théâtre et livre passage à Schariar et Badroulboudour.

BADROULBOUDOUR. Que le ciel soit béni, nous voilà dehors.
SCHARIAR. Où peut mener ce souterrain?
BADROULBOUDOUR. Ma foi, je l'ignore; voyons.
SCHARIAR, reculant de surprise. Est-ce un rêve?
BADROULBOUDOUR. Ce palais!..
SCHARIAR. C'est le mien!..
BADROULBOUDOUR. Ça n'est pas croyable...
SCHARIAR. Hier encore en Perse!.. à Ispahan...
BADROULBOUDOUR. Et aujourd'hui à Séringapatam!.. nos paupières nous abusent! que c'est bête de rêver des choses comme ça!
SCHARIAR, se levant. Cependant.. je suis bien éveillé... (Allant toucher une colonne.) Cette colonne.. résiste sous ma main!..
BADROULBOUDOUR. Nous ne serions pas plongés dans le sommeil? mais alors... comment expliquer..
SCHARIAR, pensif. Ce jeune derviche qui nous a sauvés de la fureur de Giaffar en nous indiquant ce souterrain.. pourquoi ne nous a-t-il pas suivis jusqu'ici?..
BADROULBOUDOUR. Vous m'y faites penser à ce jeune homme... il était bien mieux pour un derviche...
SCHARIAR. Silence! on s'approche de ces lieux...
BADROULBOUDOUR. Fuyons!.. (Il entre-voit un Garde paraît.) Qu'ai-je vu!..
SCHARIAR. De ce côté... Il s'en fait voir vers la droite, un autre Garde se montre puis un troisième puis un quatrième... je te le jure... un garde à toutes les issues!..
BADROULBOUDOUR. Il y a quelque chose là-dessous...

SCHARIAR. Rassure-toi... personne ne nous a vus... et d'ailleurs, qui pourrait nous reconnaître sous ces misérables vêtements?..

BADROULBOUDOUR. A présent... j'aimerais bien mieux que tout cela fût un rêve...

SCHARIAR, prêtant l'oreille. Écoute... n'entends-tu pas au loin comme le bruit d'une fête?..

BADROULBOUDOUR. Non... les oreilles me bourdonnent... je n'entends rien...

SCHARIAR. Je ne me trompe pas pourtant... on vient... tenons-nous à l'écart.

Ils se retirent à gauche.

je t'ai fait, tu ne penses donc plus à tes filles que j'ai tuées sans pitié?... (*Le Visir se détourne et pleure.*) Non, visir, je ne porterai plus cette aigrette royale... Je veux passer le reste de ma vie à pleurer Scheerazade, à pleurer ta fille, visir... en me rappelant les jours heureux que j'ai passés près d'elle!.. Oui, c'est loin du monde et des grandeurs que je dois vivre maintenant.

Il veut s'éloigner.

BADROULBOUDOUR, *à part.* Comment! il veut s'en aller! (*Au Sultan.*) Maître!...

SCHARIAR. Laissez-moi!...

SCÈNE III.

SCHARIAR et BADROULBOUDOUR *à l'écart,* LE GRAND VISIR, LE CHEF DES GARDES, GARDES, BAYADÈRES, ESCLAVES, MUSICIENS, *etc., etc.*

Les gardes commencent à défiler, puis viennent les esclaves du sérail, suivis des Bayadères. Des pages marchent ensuite, précédant le grand visir, suivi d'autres pages qui portent, sur deux coussins d'or, le poignard et le turban royal du sultan Schariar. Tous ces personnages ont défilé devant Schariar, sans avoir l'air de l'apercevoir; mais, tout à coup, le cortége s'ouvre et le grand visir précédé de deux pages, qui portent les insignes royaux, viennent mettre le genou en terre devant le sultan étonné. Tout le monde s'incline.

SCHARIAR, *avec émotion.* A mes pieds... toi !... visir! et vous tous, gardes et sujets... à mes pieds! Est-ce bien à moi que ces hommages s'adressent? Parle, visir... *Le Visir fait signe qu'il ne peut pas parler. Schariar continue après un mouvement de douleur.*) Ah! oui... je me souviens... muté par mon ordre... tu ne peux me répondre!.. *Le Visir, qui s'est levé, va prendre la main du Sultan et la place sur son cœur.* Tu me pardonnes!... oh! merci à toi! merci à vous tous, qui voulez bien oublier en ce jour les cruautés du sultan Schariar!

Tout le monde s'incline de nouveau.

BADROULBOUDOUR, *bas, à Schariar.* Je m'explique tout maintenant: « Les malheurs cesseront, » avait dit le génie blanc, si l'âme de Scheerazade « te pardonne. » La pauvre colombe n'a-t-elle pas pardonné!...

SCHARIAR. Scheerazade!... ah, ce nom vient troubler toute ma joie! Visir, en oubliant le mal que

SCÈNE IV ET DERNIÈRE.

LES PRÉCÉDENTS, ISMAEL, *paraissant tout à coup,* puis SCHÉRAZADE, DINARZADE, NAÏADES *et* GÉNIES.

ISMAEL. Ne t'éloigne pas, Schariar! Brahma te rend ton trône, tes richesses, ta grandeur passée. (*Il étend sa baguette. Schariar et Badroulboudour se trouvent aussitôt couverts des brillants habits qu'ils portaient au premier acte. Ismaël ajoute.*) Quant à celles que vous pleurez... voyez dans les airs ces deux blanches colombes.

On voit les deux colombes qui viennent boire à la fontaine.

SCHARIAR ET BADROULBOUDOUR. Nos colombes!... ce sont elles!

SCHARIAR. Ah! mes richesses, mon royaume tout entier à celui qui m'apportera ces colombes... Allez! courez!

Mouvement général.

ISMAEL. Arrêtez!

Les colombes disparaissent derrière la fontaine.

SCHARIAR, *avec désespoir.* Elles n'y sont plus!

ISMAEL. Attends!

Il étend de nouveau sa baguette. La fontaine disparaît dans le fleuve. A sa place s'élève une coupe marine portée par des naïades. Scheerazade est couchée, à côté d'elle est Dinarzade. Toutes deux sont vêtues comme au premier acte. Des génies se montrent dans les airs, et un grand char de corail et de coquillage, paraît au fond, portant des Nymphes et des Naïades.

SCHARIAR. Ce sont elles!... Scheerazade!

BADROULBOUDOUR. Dinarzade!

TABLEAU.

FIN.

S'adresser pour la musique à M. PILATI, chef d'orchestre du Théâtre de la Porte-Saint-Martin.

PARIS. — IMPRIMERIE DE Ve DONDEY-DUPRÉ,
rue Saint-Louis, 46.

www.ingramcontent.com/pod-product-compliance
Lightning Source LLC
Chambersburg PA
CBHW060513050426
42451CB00009B/970